小学生30億件の学習データからわかった
算数日本一の子ども30人を生み出した究極の勉強法

今木 智隆
Tomotaka Imaki
RISU Japan 代表取締役

文響社

はじめに

Q. 夜遅くまで自主的に勉強を頑張るわが子を、褒めますか？　しかりますか？
Q. 子どもが学校の宿題をやろうとしないとき、どのように対処しますか？
Q. 女子と男子それぞれに効果的な学習法を、知っていますか？

みなさんは、これらの問いに自信をもって解答することができますか？

先に結論を言ってしまえば、これらの**子どもの教育に関する問いには、科学的根拠（エビデンス）に基づく明確な答えがあります。**


私たちＲＩＳＵは、タブレット教材による無学年制のオンライン学習というこれまでになかった教育事業を通じて、日本やアメリカをはじめとする全世界の小学生から30億件を超える膨大な情報を収集してきました。

これは、世界の教育産業の中で子どもたちの学習データ分析を重視した大規模通信教育事業を営むＲＩＳＵだけがもつ希少なビッグデータであると、私たちは自負しています。

そんな独自に蓄積したビッグデータの解析結果と国内外のさまざまな研究機関の最新報告をもとにして、私たちは小学生に極めて効果的な学習方法を多数開発・提供してきました。

このエビデンス・ベースドという考えに立つ「**RISU式・学習メソッド**」は、個人の思い込みや偏った経験則からくる従来の学習方法とは一線を画し、どんな子どもに対しても等しく効果を発揮します。

事実、RISUの受講生の中からは、模試や中学受験などで全国トップレベルの成績をあげる子どもが続々と出ています。

本書では、30億件の学習ビッグデータから科学的に導かれた、子どもの成績を大きくアップさせる「RISU式・学習メソッド」を、Q&A方式でわかりやすく解説していきます。

第1章では、お子さんの勉強への苦手意識を払拭し、どんな子にも劇的な効果をあげる学び方・学ばせ方を解説します。

第2章では、小学生が学ぶ全教科の中で最も差がつきやすい「算数」について、どんな子でもテストで100点を取る勉強法を伝授します。実は、80点ではダメなのです。理由は章の中でご説明いたします。

そして、第3章では、RISU受講生のうち算数全国トップ30人の家庭に特徴的な教育・勉強についての考え方を紹介します。全国トップレベルの「勉強が得意な子ども」の家庭には、共通する教育法がありました。みなさんのご家庭でも今日から実践できるように、その具体例をお教えします。

これらは順番に読んでいただいてもよいですし、各章を別々に読んでいただいても大丈夫です。親御さんは、この1冊の本を読むだけで、特別な塾に通わせずともお子さんの成績をアップさせることができるでしょう。

科学的に正しい方法で勉強すれば、子どもの成績は飛躍的に向上します。勉強ができるようになった子どもは、学ぶことそのものが楽しくなります。

親御さんや学校の先生は、本書を読んで、ぜひ子どもたちに学ぶ楽しさを実感させてあげてください。

では、最初のクエスチョンに戻ります。

夜遅くまで勉強を頑張る子どもを……

A.「えらい!」と褒めますか?

B.「早く寝なさい!」としかりますか?

勉強が得意になる子は、どっち?

RISU Japan代表取締役CEO
今木智隆

小学生30億件の学習データからわかった

算数日本一の子ども30人を生み出した究極の勉強法

目次 contents

第2章 算数が得意になる子はどっち？

第3章

トップ30人の家庭が実践する教育法

ブックデザイン　神戸順（文響社デザイン室）
本文 DTP　　　　エヴリ・シンク

第1章

勉強が得意になる子はどっち？

私たちの30億件を超える学習ビッグデータの蓄積と分析は、小学生の学びについての多くの新しい知見を可視化してきました。同時に、これまでの教育現場で「暗黙知」とされていた学習法の中に、本当は効果がないものや有害なものが多くあることもわかりました。

間違った学習法でいくら机にかじりついていても成績は上がりません。逆に、下がってしまうことも多々あります。がんばって取り組んでも結果が出なければ、子どもは戸惑い、やがて勉強に苦手意識をもつようになります。一度勉強が嫌いになってしまうと、その状態から這い上がるのは困難を極めます。

世の中には、教育におけるさまざまな「残念な俗説」が数多く存在します。そのような科学的に正しくない学習方法にはまってしまうことのないよう、この章では、ビッグデータから科学的に導かれた「本当に正しい学習法」を知っていただきます。今日から早速実践して、お子さんを「正しい学び方」に導いてあげてください。

小学生から正しい学び方を身につければ、お子さんは勉強が得意になり、成績がぐんぐん伸びていきます。中学受験にとどまらず、高校・大学受験でも有利になり、その後の人生の選択肢も大きく増えます。きっと自己肯定感も高くなるでしょう。

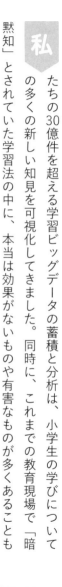

Q1

夜遅くまで勉強を頑張る子どもを

A.「えらい！」と褒める

B.「早く寝なさい！」としかる

どっち？

Answer

B.「早く寝なさい！」としかる

朝学習は夜学習の約１・５倍の効果がある

「夜遅くまで頑張る子どもをしかるなんて！」

そんな声が聞こえてきそうですが、まあ落ち着いてください。

たしかに、夜遅くまで授業の復習や宿題に取り組んでいるわが子の姿を見ると、親としては「えらいね」と褒めたくなるものです。寝る前の食事は肥満の原因になりやすいとわかっていても、頑張っているご褒美に、つい夜食を作ってあげたくもなりますよね。そんな親心はよくわかります。

しかし、夜遅くの学習は、お子さんの成績をアップさせないどころか、その後の人生にも長期にわたって負の影響を与えかねない危険なものです。習慣にしているお子さんがいたら、できるだけ早いうちにしかってでもやめさせた方がいいでしょう。

ＲＩＳＵがもっている「30億件の学習ビッグデータ」を統計学的に分析したところ、データは子どもが学習に取り組むべき時間帯《ゴールデンタイム》をハッキリと示しました。

朝、起きてから親がご飯を用意している隙間の時間にRISUで学んでいる朝型の子どもと、夜の20時以降に学んでいる夜型の子ども、それぞれの「学習スピード」と「継続時間」を比較すると、夜型の子どもは朝型の子どもよりも学習スピードでマイナス27％、継続時間に至ってはマイナス52％とスコアが大幅に落ちていたのです。

逆に言えば、朝学習は夜学習よりもはるかに学習効率がよいということ。

つまり、学習のゴールデンタイムは朝なのですね。**朝の10分間の学習成果は夜の約14分に相当し、勉強中の集中力も夜よりもずっと持続する**ということです。

世界の知的エリートは朝に大事な仕事を行っている

朝は1日の中で最も効率よく勉強ができる。

実はこれ、脳科学でも裏付けされているんです。私たちの脳は、起きている間に学習したことや経験したことの記憶を睡眠中に整理して、長期記憶として定着させることがわかっています。

ですから、朝に目覚めたばかりの脳というのは、それまでの雑多な記憶がスッキリと整理されていて、新しいことを覚えたり複雑な課題に取り組んだりするのに最適な状態になっているんです。

朝は頭がさえている――誰しもがなんとなく経験的に理解していることではないでしょうか。勉強にかぎらず社会生活における何事も、朝の時間に取り組むと成果をあげやすいとされています。ですから、いわゆる「できる人」は、朝の時間帯に自分にとって最も重要な仕事に取り組む傾向があります。

たとえば、アップルの最高経営責任者であるティム・クックさんが、毎朝4時ごろに起きてすぐに膨大な量のユーザーコメントに目を通しているという話は有名です。作家の村上春樹さんも、「毎朝4時に起きて、そのまま9時か10時ごろまで仕事をしている」というようなことをエッセーに書いています。著名人でなくても、年収が1000万円を優に超えるような知的なビジネスパーソンは朝から重要会議を行うのが常です。

名門大学に通う大学生たちも、早起きをして登校前に勉強をしています。RISUの職員の多くが東大生や東大卒業生ですが、彼ら彼女らに話を聞くと、毎朝早起きして語学など自分のための勉強をしている。みんな口をそろえて、「どうせ勉強をするなら、思考がクリアな朝にしないと損ですよ」と言います。

入試は朝から行われる

人間には朝型と夜型があり、ある程度遺伝子によって決まるとされています。しかし、私たちの社会が8時~10時に始業する朝型で回っている以上、体質的に夜型の人間であっても、朝に起きて夜に寝るという生活サイクルに合わせるしかありません。

中学、高校、大学と子どもが挑む入学試験も、早朝から行われるのです。夜型だからといって夜の学習を習慣にしていては、朝型の学習習慣を身につけている子どもには入試本番のコンディションで勝てませんよ。

Q2 子どもに習い事がたくさんあって忙しく、勉強があまりできていません

A. 子どもの習い事は極力減らそう

B. 習い事で子どもの可能性を広げるのは勉強よりも大事なこと

どっち？

Answer

A. 子どもの習い事は極力減らそう

現代の子どもは忙しすぎる

みなさんはお子さんに「習い事」をさせているでしょうか？

学研教育総合研究所が２０２０年度に行った調査によれば、現在の小学生の実に75・2％、つまり小学生の４人に３人が、なんらかの習い事を行っているといいます。１９８９年（平成元年）の調査では、この割合が39・１％だったといいますから、30年余りで習い事をする小学生の割合はおよそ2倍になったことになりますね。

価値観の多様化した現代社会において、子どもの習い事やクラブ活動の種類は、ひと昔前とは比べものにならないほど多岐にわたります。学習塾、そろばん、書道、水泳、ダンス、バレエ、サッカー・フットサル、空手、英会話、絵画、ピアノ・電子オルガン、将棋・囲碁、プログラミング・ロボット工作、科学実験……最近では子どものＹｏｕＴｕｂｅｒ人気を反映して動画制作のスクールまであります。

習い事はよりどりみどり。その気になって探せば、子どもがやりたいこと、親がやらせたいことのたいていを習い始めることができます。

習い事で学校や家では得られない経験をすることで、子どもに新たな才能が開花することはあるでしょう。学校以外のコミュニティーに所属してさまざまな人と交流することも、子どもの成長には役立つかもしれません。

しかし、子どものためを思ってなんでもかんでも習わせた結果、習い事の数が増えていき、中には週7日、さらには1日に複数の習い事を掛け持ちさせられているような子どももいます。そのような子はＲＩＳＵの受講生の中にもいて、年々数が増えてきている印象があります。

疲弊した脳では学べない！

Ｑ１でもお話ししましたが、脳を最も効率的に使えるのは起きてからしばらくの間で、その後は新しい記憶が蓄積されていくにつれて情報処理能力が落ちていきます。朝起きてから12時間もたつと、脳はもうかなり疲れ切っています。

私たち大人だって、朝から働いて夕方の退社時間にもなると疲労困憊《こんぱい》でしょう。そこから、スキルアップのために語学や資格試験の勉強に自主的に取り組んでいる方もいらっしゃいますが、継続するには相当なモチベーションが必要です。

これは、子どもも同じです。子どもの肉体がいくら若いからといって、スタミナが無尽蔵にあるわけではありません。朝から下校時間まで学校でさまざまな活動をした子どもの心身は、夕方には相当に疲れています。

放課後、そんな状態の子どもをいくつもの習い事に行かせたところで、果たしてしっかりと習得できるでしょうか？　習い事でさらに疲弊した脳で、学校の授業の復習などに取り組めるでしょうか？

習い事は週に1つ、多くても2つに

私たちは、親からスケジュールを詰め込まれすぎて、ブラックなIT企業で過酷なノルマと長時間労働を強いられているプログラマーのように疲弊した子どもをしばしば目にします。そんな子どもたちに面談すると、みんなストレスや睡眠不足から顔色が悪く、「毎日忙しい」「疲れてる」と子どもらしからぬ言葉を口にするんですよね。

こうなると、もはや学校生活や日々の学習すらままなりません。習い事を通じて子どもに成長してもらいたいのに、習い事のせいでコンディションを崩して全部がダメになっている。これでは、本末転倒です。

RISUのビッグデータによれば、成績上位の子どもが3つ以上の習い事をしているケースはほとんど見られません（習い事が1つ、あるいは0のご家庭の割合は全体の48％。最大で2つにとどめているご家庭を含めると78％になります）。

つまり、学習内容をしっかりと吸収するためには、脳のコンディションを整えるための余裕がそれなりに必要ということです。余裕がない脳に新しい情報を詰め込もうとしても、吸収しきれず最終的にすべてが中途半端になるんですね。

お子さんが自発的な興味や強いモチベーションをもって通っている習い事であれば、そのまま通い続けてもいいでしょう。しかし、親御さんが「きっと将来に役立つだろうから」と強制しているような習い事は、結局たいしてモノにはなりませんから、スッパリと辞めさせることも大事です。そうすれば、子どもの学習効率が上がるだけでなく、親御さんも金銭的に楽になりますしね。

Q3 テストでいい点を取った子どもに「ご褒美《ほうび》」を

A. 買ってあげる

B. ご褒美は不要

どっち？

Answer

A. B. どっちも正解

テストの成績に「ご褒美」は関係なし

「どっち？」と聞きつつ「どっちも正解」という、ひっかけのような問題でした。

「ご褒美で釣った方が、子どもは頑張るんじゃないか？」

私たちも最初はそう考えていました。

一方で、「ご褒美が目標になってしまうと、子どもに本当の意味で勉強へのモチベーションが生まれないのでは？」という疑念を抱く親御さんもいらっしゃるかもしれません。

私たちはその可能性も検討したことがあります。

しかし、学習ビッグデータが思い込みや経験則を排して科学的に導き出したのは、「**勉強のご褒美をあげてもあげなくても、子どもの成績は変わらない**」という意外な結論だったんです。

ＲＩＳＵでは学習の進行度に応じてポイントを発行しており、受講者はそのポイントを消費して文房具や書籍、ジグソーパズルなどの景品と交換できるようになっています。つまり、勉強の「ご褒美」です。

常識的に考えれば、受講者は景品をモチベーションにして勉強を頑張りそうなものです。ところが、ポイントを消費して景品を受け取っている受講生と、ポイントをまったく使わない受講生とで、成績に統計的な有意差が出なかったのです。

ご褒美は正しくあげる

もちろん、ご褒美によって子どもに勉強へのやる気を出させることが、まったくの誤りだというわけではありません。子どもは良くも悪くも正直なものです。ご褒美を提示されるとそれに向かって一直線に進みますから、時と場合によってはご褒美でうまく勉強へのモチベーションを引き出してあげることもできるでしょう。

ただし、目標のご褒美をゲットした子どもは、以降、勉強へのやる気を完全に失うことも多くありますし、間違ったご褒美のあげ方をすると、子どもが誤った方向にどんどん進んでしまうこともあります。

ですから、ご褒美をあげる「条件」には注意が必要です。

たとえば、「このドリルが終わったらマンガを買ってあげるよ」というのはNG。

この場合、子どもはドリルで全問間違ったとしても、とにかく全問を埋めて早く終わらせることだけに集中してしまいます。

「勉強を1時間頑張ったら……」というのも同じ。勉強の内容は問いませんから、極端な話、何も頭を使わなくても机に1時間座ってさえいればいいということになります。

これでは、子どもにとって意味のある学力がつかないばかりか、子どもがご褒美を得るために常習的にズルや手抜きをするようになってしまうかもしれません。

では、どうすればいいかというと、**ご褒美は「終わらせること」ではなく子どもの「実力」に対してあげるようにする。**

たとえば、「このドリルに全問正解したらマンガを買ってあげるよ」であれば、100点満点という「実力」に対してご褒美を与えることになりますね。これならば、子どもは満点を取るためにドリルにしっかりと取り組み、間違えた問題も必死でやり直すでしょう。

ご褒美の条件次第で、子どもの勉強時間は意味のあるものにもなれば、まったく意味のない、場合によっては倫理観を低下させるような有害な時間にもなるのです。親御さんは、このことを意識してご褒美をあげる「条件」を考えてみてください。

本当に「できる子」は勉強そのものがご褒美となる

先にお話ししたＲＩＳＵのポイント・システムの景品には、モノのご褒美のほかに「スペシャル問題」というものが用意されています。貯めたポイントを消費することで、暗号解読や算数魔方陣、算数オリンピックの課題など、通常の算数のカリキュラムを超えた発展問題に挑めるのです。

実は、このスペシャル問題に挑んでいた子どもたちは、そうでない子どもたちに比べて、統計的に有意に成績がよかったのですね。

つまり、**モノのご褒美は成績に影響しないけれど、純粋な知的好奇心に応えるようなご褒美は、子どもの成績にプラスに作用しうる**ということです。成績がいい子どもは、難しい問題を解くことに喜びを感じているとも言えるでしょう。

こういう子どもたちは、「勉強って面白い！」「難しい問題が解けるとうれしい！」「だからもっと勉強したい！」と自発的に感じているんです。つまり、学習そのものが面白くなり、勉強に取り組む行為自体が勉強のモチベーションになっている理想的な状態です。

子どもをこの状態にもっていくためには、成功体験を数多く積ませてあげることが有効です。子どもが1問でも問題に正解すれば、親御さんはそれを十分に褒めてあげてください。その繰り返しによって、子どもは「できた！　褒められた！」という小さな成功体験を重ね、徐々に勉強自体へのモチベーションが上がってきます。

そして、最終的にはモノのご褒美に頼らずとも、自発的に勉強に取り組むことができるようになります。

Q4 子どもの勉強を見てあげるのは

A. きちんと学習内容を理解している
お父さんかお母さん

B. お父さんお母さん、おじいちゃん
おばあちゃん、家族総動員！

どっち？

Answer

B.

お父さんお母さん、おじいちゃんおばあちゃん、家族総動員！

家族２人以上で「見守る」だけで子どもの学習速度が１・５倍にアップ！

ＲＩＳＵには、日々のお子さんの学習の進捗状況や成績を保護者の方にメールで報告するシステムがあります。

メールには、保護者の方に向けて、

「夏休み、朝の10時前後で学習をしているのはとてもよい習慣です。お家の方からも『こんなに朝早くから勉強していてすごいね！』などと褒めてあげてください」

「どのステージでも、合格点に達しても満点にするまで粘り強く再挑戦する姿勢が見られます。大きなつまずきを未然に防ぐとても大切な姿勢ですので、『満点を取るまで頑張ってえらいね！』などお声をかけてあげてください」

といった個別の具体的なアドバイスを書いています。

つまり、子どもの勉強の「見守り」機能ですね。

１人のお子さんに対して、メールアドレスはいくつでも追加できるようにしてあります。

私たちは、この「見守り」メールに複数の保護者を登録しているご家庭とそうでないご家庭の子どもの学習速度を、統計的に比較してみました。

すると、**複数の方が子どもの学習の進捗状況や成績を見て、子どものことを気にかけたり褒めたりしているご家庭は、そうでないご家庭と比べて子どもの学習速度が48％も高かったのです。**

およそ1・5倍ですから、これは非常に大きなインパクトです。

家族からの称賛が子どもの自発的な勉強を促す

ここでいう「見守り」とは、親御さん自らがお子さんに勉強を教えることではありません。子どもの学習状況を把握して、取り組みに少しでも自発性や頑張りが感じられたら、それがどんなにささいなものであっても「積極的に褒めてあげる」という行為です。

ＲＩＳＵでは親御さんがつきっきりで見守らなくてもいいようにタブレット型教材を使うことで子どもの学習状況をデータで把握・分析しています。紙媒体の教材などでも、1日の終わりに解いたページを家族の方がしっかりと見てあげれば、その日に子どもがどれだけ進めたのか、内容を理解しているのか、苦手な分野はどこかなどを把握することはできますよね。

そして、まずはちゃんとやっていることをしっかりと認めて褒めてあげる。人間誰しも、自分の行動を認められ褒められるのはうれしいもので、とりわけ自分が信頼している相手からの評価は大きなモチベーションのアップにつながります。

このように、称賛の声がけという「ご褒美」を与えることで、その活動への内発的なモチベーションが高まる効果のことを、教育心理学の用語で「エンハンシング効果」と言います。

信頼する家族が勉強を見守ってくれ、ささいな頑張りでも大いに褒めてもらえる子どもは、「自分は正しいことをしているんだ」という確信がもてます。すると、勉強へのモチベーションも高くなり、自発的な学びを続けられるのですね。

このとき、**声をかけてくれる人数が多ければ多いほど、子どもへのポジティブな影響は大きくなる**というのが、私たちが学習ビッグデータを分析して得た結論です。つまり、子どもの勉強は一緒に暮らしている家族が総出で見守ってあげるのがベスト。

お母さん一人が見守るのではなく、仕事から帰ってきたお父さんも「今日の問題は満点だったんだって？　えらいね」と声をかけてあげたり、おじいちゃんおばあちゃんが「自分から進んで勉強しているの。すごいね！」と頑張る姿を喜んであげたりする。「あなたの頑張りは知っているよ」「見てあげているよ」というメッセージが子どもにしっかりと伝わることが大事なのです。

勉強に取り組む子どもに家族のみんなで声をかけ、大いに褒めてあげる。

すると、「エンハンシング効果」によって、勉強という活動自体から得られる快感や満足感がモチベーションを高め、子どもに自発的な学びの姿勢が生まれます。

「なんでできないの！」は絶対にNG

問題がなかなか解けないでいる子どもを見ると、つい口を出して教えてしまう親御さんがいます。特に中学受験を意識している親御さんは、熱くなる傾向がありますね。

しかし、どんなに勉強が得意な人であっても、勉強を教えることのプロフェッショナルではないのですから、これはたいてい逆効果になります。

大人でも、せっかく自発的に取り組んでいることを口やかましく言われると、急激にやる気が失われるもの。幼い子どもであればなおさらです。

できない子どもにイライラして、「なんでこんな簡単なことがわからないの！　こうでしょ！」なんてしかってしまったが最後、子どもの勉強へのモチベーションは永久に失われてしまいます。

子どもが前向きな気持ちで自発的に勉強に取り組んでくれる状況こそが理想なのに、口やかましく言って子どもを勉強嫌いにしてしまっては台無しです。

大人からすると「どうしてできないのかわからない」ということでも、初めて学ぶ子どもにとっては難しくて当たり前。なるべく子どもの理解のペースに任せて、解法のアドバイスは子どもから求められたら、にしましょう。

それよりも、勉強に取り組んでいること自体を承認し、間違えた問題に何度も挑み続ける姿勢を大いに評価して褒めてあげましょう。

親が勉強を見守ってくれているというのは、子どもにとっては非常に心強い状態です。そういう状態の子どもは、難しい問題に直面しても自分の力で乗り越えることができます。

これには家族の愛情と根気が必要で、頭ごなしに「教える」ことよりも、ずっと難しいことかもしれませんね。

Q5

ママ友に「利発そうなお子さんですね」と言われたときに返すべき言葉は？

A. 「そうなんです！　うちの子、すごくできる子なんです」

B. 「いいえ、うちの子なんてまだまだですから…」

どっち？

Answer

A.

「そうなんです！
うちの子、
すごくできる子なんです」

子どものことで謙遜《けんそん》してはいけない

たとえば、ママ友との会話の中で「お宅の○○ちゃんは利発でいい子ですね」と言われて、「いえいえ。うちの子なんて、全然勉強ができなくて……」なんて返していませんか？　この「いえいえ」は、実に謙虚で日本人らしい言葉です。その後、お互いがわが子のことを謙遜し合うなんてことはしばしばですね。しかし……。

「謙遜で子どもを下げる」ことは絶対にダメ！

謙遜は、子どもにはなかなか理解できない非常に高度なコミュニケーション手法です。子どもは大人ほど言葉の裏にある文脈を読めませんから、言葉をその通りに受け取ってしまいます。

もし、その言葉を子どもが耳にしたら、どう思うでしょう？

自分の親が周囲に向かって「いえいえ、うちの子はダメで……」「お宅のお子さんに比べたら全然……」などと言っているのを聞いてしまった子どもは、それを言葉通りに受け取って、「自分はダメな子どもなんだ」「どうせ期待されていないんだから、できなくていいや」と思い込んでしまいます。

すると、もう勉強なんて、と一切のやる気をなくしてしまうんですね。人前で謙遜をすることで、「勉強をしない理由」を子どもの中につくらせてしまうことになります。

残念なことに、これはRISUが開催している親子体験学習会でもしばしば見られる光景です。子どもが目の前にいるのに、ママ友同士で、「うちの子は本当にバカで……」なんて言い合っている。そんなとき、傍らにいる子どもは目に見えてシュンとしています。最初は興味津々で問題に取り組んでいたのに、ショックを受けて手を止めてしまう子もいます。よくある、そして、とても悲しいシーンです。

アメリカ人は人前でもわが子を褒めまくる

謙虚さは古くから日本人の美徳とされます。しかし、この「美徳」はほかの国の人たちにはまず理解されません。「あ、そうなの？　あなたはできない人なのね？」とそのまま受け取られるだけ。人・物・情報が縦横無尽に動き、激しく混ざり合うグローバルな今の時代、日本人の「謙虚さこそ美徳」という古い価値観は、もはや弊害しか生まない悪しきマインドセット（思い込み）と言えます。

ＲＩＳＵは欧米でも幼児教育事業を展開していますが、たとえばアメリカ人の親御さんは人前であっても自分の子どもを全力で自慢しますよ。アメリカ人の親御さんに「あなたのお子さんはすごいですね！」というと、堂々と「そうでしょう」とか「私もそう思うわ」と返してきます。とくべつ謙虚な人でも、「ありがとう」と基本的にポジティブなんですね。

異なる背景をもつさまざまな人種・民族が暮らすアメリカでは、はっきりと言葉にして自己アピール・自慢ができないと、「自分に自信がないダメなやつ」と見なされます。それが、アメリカという国が優秀な人材を大勢輩出し、持続的に成長している理由の一つでもあるのでしょう。

欧米人でもイギリス人はやや控え目で、よく冗談の混じった謙遜をする印象があります。日本と同じ島国で、コミュニティーの調和を重視するからでしょうか。それでも、その謙遜は必ずユーモアに昇華されており、日本人ほど卑屈にはなりません。

まず親が人前で子どもを「褒める」習慣を身につける

これは学力にかぎった話ではありません。あらゆることで子どもが自分に自信をもてるように、親御さんにはぜひとも「**チャンスがあれば、すかさず子どもを褒める**」ということを心にとどめておいてほしいと思います。

最初のうち、人前で身内を褒めることには抵抗があるでしょう。話し相手によっては「なんだこの人は、自分の子どもの自慢をして」と思われるかもしれませんね。

しかし、それでわが子が勉強を楽しめるようになり、賢くなって、自分のことは自分で判断して決められるよりよい人生を歩めるのであれば、親なら何もためらうことはないはずです。

どうしても人前で子どもを褒められないという奥ゆかしい親御さん、「利発なお子さんですね」という言葉には「ありがとうございます」と返しましょう。それで、あとで子どもと2人になったとき、子どもに「○○さんに褒められたね。よかったね」と言ってあげる。このような積み重ねを継続することで、子どもは自分に自信をもち、勉強だって得意になるのです。

Q6

宿題が大嫌いなわが子

A. 一緒に宿題に取り組んであげる

B. 親が代わりにやってあげる、または適当に済ませる

どっち？

Answer

B. 親が代わりにやってあげる、
または適当に済ませる

いくらまじめに宿題をしても子どもの成績は上がらない！

「学校の宿題をやっても子どもの成績は上がりません。逆に、下がることすらあります」

私がそう断言すると、よく驚かれます。

しかし、これは科学的に証明されている純然たる事実。宿題を出すのが好きな学校の先生にとっては、「不都合な真実」かもしれません。

アメリカでは1990年代から宿題についての研究が盛んで、宿題の効果についてさまざまな調査が実施されています。そのほぼすべてで「**宿題は小学生レベルでは何の効果もない**」ことが明確に示されているのです。

たとえば、アメリカの宿題研究の第一人者にハリス・クーパーという人がいます。このクーパーさんが宿題に関する180の研究結果を包括的に分析したところ、小学生レベルでは宿題が学業に役立つというエビデンスは見つからず、それどころか、子どもに悪影響を与えるということが明らかになりました。

これはアメリカの子どもにかぎった話ではありません。ペンシルベニア州立大学の研究チームが世界50か国の小学生、中学生、高校生を対象として実施した調査でも、学校から課される宿題の量と学生の成績の間には何の相関もないことが示されています。この調査の分析対象には、もちろん日本の小学生も含まれています。

宿題が子どもをダメにする

宿題はあまりにも一般的な慣習なので、ほとんどの大人はその価値を疑うことさえできないかもしれません。「宿題は学校の授業の復習になるし、子どもが勉強の習慣を身につける切っ掛けになる」と主張する人は今も多くいます。

子どものころ真面目に宿題をやってきた親御さんほど、かつての自分の毎晩の苦労、失われた遊びの時間を思うと、「宿題が何の役にも立たない」ことを認めるのはつらいでしょう。

しかし、改めてよく考えてみてください。

仮に子どもがすでに理解している事柄が宿題に出たとして、宿題で同じことをやっても新しい学びはありません。すでに足し算を何不自由なく解ける子どもに足し算をやらせても、たいして意味はありませんよね。

反対に、子どもがまだ理解していない事柄が宿題として出たとき、たとえば、位《くらい》の概念を理解していない子どもに位に関する宿題を一人でやらせても、元が理解できていないのですから、これまた意味がありません。この場合は、授業で教わった方が学習効果は高いでしょう。

単に時間のムダというだけならまだいいのですが、先のクーパーさんは「宿題は子どもをダメにする」と断言しています。

学校に通い始めたばかりの子どもたちは、学ぶことが好きになるチャンスがあったはず。しかし、担任の教師から強制される宿題は、多くの子どもを憂うつにさせ、最終的に子どもは学びそのものが嫌いになってしまうのです。

宿題がなくても、子どもたちは毎日学校に通い、5時間、場合によっては6時間も授業漬けなのです。学校が終わってようやく帰宅するころには、脳も肉体も消耗しきっています。そんなフラフラの状態の子どもに宿題を課し、家でもさらに何時間も勉強させようとするなんて、本当はひどい話なのです。子どもたちはさらに疲弊し、勉強がいっそう嫌になってしまいます。

子どもの宿題を管理しないといけない親御さんだって大変です。今日も全国の家庭で、宿題を巡って親子が険悪なムードになっていることでしょう。

親は「宿題やったの？　早くやりなさい！」と口うるさく説教し、子どもは嫌がり不平を言う。１日の終わりに互いを思い合うはずの家族団らんの時間が、親子の小競り合いの時間になってしまう。

学校は効果のない宿題などというものを課して、親御さんや子どもたちに負担をかけるべきではありません。

Q7 夏休み明けにグンと成績が伸びる子がやっていることは

A. 休みを利用して1学期の総復習

B. いつも通りの勉強

どっち？

Answer

B. いつも通りの勉強

夏休みのわな

「夏休みにたっぷりある時間を使って1学期に学んだ範囲を総復習すれば、子どもの学力は上がる」というのは、いかにも正しい話のように思えます。

しかし、この総復習は「夏休みのわな」によって、たいてい計画倒れに終わります。本書を読んでいる親御さんにも、覚えがあるのではないでしょうか。

夏休みのわな——それは、「お盆の里帰り」と学校から出される大量の「宿題」です。

お盆の前までは日々のコンスタントな勉強に取り組めていた子どもでも、お盆の帰省によって生活環境が大きく変わると、それまでの学習習慣は失われてしまいがちなんですね。

おまけにお盆明け以降は、ドリル・読書感想文・自由研究・工作などの大量の宿題に追われ、総復習はおろか1日10分程度の自発的な勉強すらおざなりになってしまいます。

お盆が明けたら親御さんは平日ですから、やはりお盆の間に生活のリズムが乱れて、子どもの勉強の「見守り」も手薄になりがちです。

「総復習でおさらい」のムダ

私たちは学習ビッグデータを使って、夏休みの前後でほかの子どもよりも成績が飛躍的に伸びた子どもの特徴を分析してみました。すると、**夏休みで成績が飛躍的に伸びた子どもは、8月に10日以上、特にお盆の期間に、自分のペースを守って勉強しているということがわかりました。**

1日の勉強時間は10分から長くて数十分であっても、「自発的な勉強を続けていた」ということがポイントです。しかも、夏休みだからといって気合を入れて総復習などをしているわけでもありません。やっているのは1学期と変わらない習慣づけられたいつもの勉強なのです。

多くの小学校や塾の先生は夏休みを控えた子どもたちに「1学期の総復習をしておくように」といった指導をしています。夏休みの宿題の一部が、1学期に学んだことを網羅したドリルであることもよくあります。

しかし、改めて考えてみると、これってすごく非効率的ですよね。

すでにわかっていることを再度やっても時間のムダですし、わからないことを自分一人だけでやろうとしてもうまくいきません。

そもそも、子どもによって学習でつまずく箇所には偏りがあります。復習をするなら、その子どもが理解していない箇所にしぼって効率的に行うべきでしょう。

エリートは小学生時代に夏休みの宿題をやっていない

このような学校や塾の先生たちの指導については、理解できなくもないのです。数十人の生徒をたった一人で担任するとなると、生徒一人ひとりの弱点を把握して、個別に適切な復習課題を与えることは無理な話でしょう。

仮に30人のクラスとして、生徒を平等にケアしようとすれば、一人の子どもにはその先生がもっている全リソースのたった3・3%しか割けません。

そこで、仕方なく1学期にやったことの「総復習」をすべての生徒に課す。すると、見かけ上はすべての生徒の弱点をフォローしていることにはなります。しかしその総復習は個々人にとって非常にムダが多いものですから、そこに「夏休みのわな」が加わって多くの場合は頓挫します。そして、なんでもかんでもやろうとしたことでキャパシティーオーバーとなり、本当に大事な日々の勉強習慣まで満足にこなせなくなってしまうのです。復習をさせるなら、その子どもが理解していない事柄や曖昧になっている事柄にしぼるべきです。それらの事柄は、家族が子どもの勉強を日々「見守る」ことで把握できます。ですから、「見守り」は大事なんですね。

RISUで、東大・京大・早慶・国際基督教大学（ICU）出身の知的エリートと呼ばれる人たちを対象として「夏休みの宿題について」聞き取り調査をしたところ、象徴的な結果が得られました。

約40％の人が「夏休みの宿題はさぼっていた」と回答し、「最終日にまとめて適当にやった」という人を合わせると80％をゆうに超えたのです。

例外的に「夏休みの前半にすべて終わらせていた」と回答した人も、詳しく話を聞いてみると、「絵日記などムダだと思った宿題は捏造でやっつけていた」と言います。この方は、東大卒業後に起業して世界を相手に成功を収めているやり手の社長さんです。お話を聞いて、「独立した個人として世界で活躍するような方は、他人の命令に唯々諾々《いいだくだく》と従うのではなく、自分の考えで物事を決めるのだな」と思ったものです。

Q8

YouTubeに夢中のわが子。どうせなら勉強チャンネルを視聴させたいけど…

A. いい

B. 悪い

どっち?

Answer

A.

いい（ただし勉強にはならない）

YouTubeは禁止しなくていい

「勉強に集中してほしい」という思いから、子どもにYouTubeの視聴やゲームなどの娯楽を禁止されている親御さんはしばしばいらっしゃいます。

たしかに、YouTubeやゲームは時間泥棒です。特にYouTubeは手元のスマートフォンで何の気なしに再生したら最後、関連動画が延々と垂れ流されますから、子どもも大人も関係なくつい観続けてしまいますよね。

ただ、だからといって、子どものYouTube視聴を全面禁止にすることはあまりいいことではありません。

四六時中YouTubeにくぎ付けで勉強がまったく手につかないというのであれば問題ですが、すべての娯楽を奪われて勉強漬けにされては、子どもだってストレスをためてしまうでしょう。また、いくつかのYouTubeチャンネルは小学生にも大人気ですから、全面禁止にされては、学校でクラスのお友達の会話についていけなくなってしまうかもしれません。

適度な息抜きで長期的な学習モチベーションを保つことや、コミュニティーに共通する話題を得ることを考慮すると、子どもがYouTubeを視聴することは決して悪いことではありません。

そもそも、「観てはだめ！」と言われると、人間ますます観たくなってしまうものです。親にYouTubeを全面禁止にされたお子さんは、きっとどんな手を使っても観るでしょう。しかし、後ろ暗さを感じながらコソコソと観ても、それは息抜きになりません。

難関中学に合格した家庭では娯楽を禁止していない

もちろん、受験生の中にはYouTubeの視聴やゲームをグッと我慢して勉強に取り組み、難関中学に合格した子どももいるでしょう。しかし、そういう子どもは極めて稀です。

RISUで難関中学に合格した受講生を対象に行ったアンケートでも、受験期に子どものYouTube視聴やゲームといった娯楽を禁止していないご家庭が大半でした。これらのご家庭では、子どもの娯楽は受験勉強の妨げにはならなかったということです。

ご存じと思いますが、最近のＹｏｕＴｕｂｅには学習系のチャンネルが溢れかえっています。その中には、小学生を対象としたものもたくさんあります。

学校教員や学習塾の講師が小学校の学習内容をわかりやすく教えてくれるチャンネルもありますし、現役の東大生がテレビのバラエティー番組さながらの演出で知識を伝授してくれるチャンネルもあります。

子どもがそういうコンテンツと適度な時間接するぶんには、特に害にはなりません。それどころか、楽しく勉強できているような気もしてきます。

しかし、親御さんには、「ＹｏｕＴｕｂｅ動画を観ただけで、何かを学んだ気になってはいけない」ということを心にとどめておいていただきたいと思います。それが、一見しっかりしている教育系チャンネルであってもです。

「受け身」では学習にならない

ＹｏｕＴｕｂｅはそのシステムで、脳が延々と動画を観続けたくなるような反応を起こすようになっています。再生ボタンひとつで気が紛れる娯楽が、自動で連続再生され、コンテンツが更新されれば通知まで送ってくれるのです。

何気なくある動画を観てみたら、システムが提示する関連動画を惰性で観続けるはめになり、気づけば小一時間がたっているなどというようなことは、私たち大人もしばしば経験しているでしょう。

これは、自らの意志ではなく、ＹｏｕＴｕｂｅというプラットフォームの設計によって、私たち人間の脳が意図的に操作されているのですね。また、チャンネルの作成者も、視聴者が動画の途中で離脱しないよう、また、ほかの動画も続けて観るように、あの手この手の演出で脳を引きつけようとします。

つまり、ＹｏｕＴｕｂｅの視聴は、それが一見してどんなにタメになりそうな動画であっても、私たちはどこまでも「受け身」であり、自分の意志で脳を使ってはいないのです。**脳を使っていないのですから、決して学習にはなりません。**実際に、みなさんは「〇〇チャンネルのおかげで受験に合格した」とか「英語がペラペラになりました」とかいう体験談を聞いたことはないはずです。

勉強をしたことにはなりませんが、時間を決めて視聴するぶんには勉強の息抜きにはなります。したがって、お子さんがＹｏｕＴｕｂｅを観たがっているなら、観てもいいチャンネルや1日あたりの視聴時間などのルールをあらかじめ親子で決めて、息抜きの時間だと割り切って観るようにしましょう。

そうすれば、ＹｏｕＴｕｂｅのコンテンツをただボーッと観ているような時間も、「勉強の合間のリラクセーション」という目的のための、能動的な時間となるでしょう。

RISU
コラム
1

あなたは大丈夫？ 逆効果ママ・パパの4タイプ

ＲＩＳＵに寄せられた相談から抽出したキーワードを受講生の成績と関連させて分析したところ、「子どもの成績に悪い影響を与える親の振る舞い」がわかってきました。つまり、子どものために頑張っているけど、逆効果になっている大変残念なケースです。

典型的な４つのタイプを以下に挙げました。もしこの中の一つでも当てはまっているという方は、お子さんの「学び」のためにすぐに改めましょう。

ＲＩＳＵでは、受講生の親御さんからの相談に、適時、アドバイスを行っています。それぞれのタイプに具体的なアドバイスについて、本書の該当箇所を示していますので、参考にしてください。

アドバイス通りに振る舞った親御さんの多くから、「子どもの成績が劇的に向上した」という喜びの声をいただいています。

タイプ１：まったく褒めない「できて当たり前型」

子どもが「100点を取ったよ！」と伝えにきても褒めない、あるいは、「できて当たり前」とそっけない態度をとる親御さん。

このタイプの親御さんは、とにかく不安がって子どもの悪いところばかりを探します。「『時計』の単元はやっと100点が取れましたが、時間がかかりすぎです。もっと復習をさせたいです」などの相談は典型的です。子どもは褒められなければ、勉強へのモチベーションが決して上がりません。

アドバイス▼P.41

タイプ2：自分で解いてしまう「こうやるのよ型」

子どもが問題に取り組んでいるときに、「なんでできないの！　ここはこうでしょ！」と口を出すタイプ。常に後ろで監視して指示を出したり、最悪、子どもの手をつかんで解答を無理やり書かせたりします。

子どもが親の操り人形のようになっているパターンで、こういう子どもはいつまでたっても自分の力で問題が解けるようになりません。

アドバイス▼P.191

タイプ3：自分の子どもをバカと言う「うちの子はバカなので型」

人前で「うちの子はバカなので」と言ってしまう親御さん。
謙遜であれ本心であれ、それを聞いた子どもは言葉通りに受け取り、「自分はできない子なんだ」「バカな子なんだ」という思い込みを強めていきます。そして、実際にそうなるように動いてしまいます。

アドバイス▼P.49

タイプ4：ほかの子と比べる「〇〇ちゃんはできるのに型」

子どもに「お兄ちゃんはできるのに、なんであなたはできないの」「〇〇くんはあなたよりずっと賢いよ」「〇〇ちゃんはできるんだから、あなただってできるでしょ」などと言ってしまう親御さん。
子どもによって、興味を抱く事柄、学力の伸び方、勉強を進めるペースは異なります。それが「個性」というものです。ほかの子どもの得意なことやペースを押しつけられた子どもは、自発的な学びの意欲をどんどん失っていきます。

アドバイス▼P.181

第2章

算数が得意になる子はどっち?

算数は、小学生で最も差がつきやすい教科です。

たとえば、理科や社会、英語などは、単純な知識量がものを言う側面が強く、覚えた分だけ点数を取ることができます。

ところが、算数は完全な積み上げ型の教科です。確かな知識をコツコツと積み上げ、それをうまく応用できなければ、点数を伸ばすことができません。そのため、時間をかけて算数をしっかり対策してきた子どもとそうでない子どもとで、点数に大きな差がついてしまいます。

また、算数は、勉強を行ううえで基本となる「論理的思考力」を鍛える教科でもあります。そのため、算数への取り組みは、あらゆる教科の成績アップにもつながってきます。

したがって、お子さんの勉強で「どの教科から取り組もうか」と迷っている場合は、算数を最優先しましょう。

特に受験を行おうとしているお子さんにおいては、点差がつきやすい算数に日ごろから重点的に取り組んでおきましょう。算数がしっかり強化できれば、それは入試において大きなアドバンテージになります。

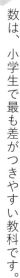

Q9

小学3年生の子どもが、算数のテストで80点を取って先生に褒められた！

A. 「いい点だね！」と家でもしっかり褒める

B. 80点ではダメ。即座に対策

どっち？

Answer

B. 80点ではダメ。即座に対策

小学3年生の80点は「いい点」ではない

学年が上がるたびに満点は取りにくくなるので、たとえば6年生であれば8割の得点で満足すべきテストもあるかもしれません。

しかし、小学校低学年（1年生～3年生）の算数のカリキュラムには、高学年に上がるための基礎が詰まっています。

3年生の時点で8割方しかわかっていないということは、この基礎が2割も欠けているということです。つまり、高学年になってからのつまずきの芽がすでに出ていると考えなくてはいけません。

80点であろうが70点であろうが、点数に一喜一憂している場合ではなく、落とした20点なり30点なりの中身を分析して、即座に対策を講じる必要があります。これを放置したまま学年が上がると、傷口はどんどん大きくなります。

3年生くらいのテストでは、極端に難しい問題はそうそう出題されません。きちんと計算ができて、最低限の式が立てられて、最低限の図形がわかっていて、検算の習慣があれば、ほぼ満点に近くなるはずです。

では、お子さんはなぜ20点を落としてしまったのか。

計算のケアレスミスが多くて80点を取っているのか、文章題の式が立てられなくて80点を取っているのか、図形がわからなくて80点を取っているのか、それによってその後の学習計画はまったく変わってきます。

算数は積み上げ

算数は積み上げ型の教科です。

建物にたとえると、低学年は基礎工事にあたります。**3年生の80点を放置するということは、鉄筋コンクリートの基礎が2割欠けているその上にタワーマンションを建てようとするようなものです。**建物の屋根に多少おかしいところがあっても雨漏りがするくらいで済むかもしれませんが、土台が腐っていたら倒壊は免れないでしょう。

低学年のうちの算数は、頑張れば指で数えられるような、身近な数の世界にとどまっています。ところが高学年になるにしたがって、まず小数などの身の回りにない概念が入ってきます。身の回りのものすらよくわかっていない子どもが、抽象的な概念を理解するのはさらに大変です。加えて、文章題や複合的な問題が増えてきます。

たとえば、円が絡む面積の問題を考えてみてください。円周率３・１４など小数の計算がある程度できて、かつ図形がある程度理解できなければ、手も足も出ません。

何事もそうでしょう。

私が趣味にしている空手では、突き・蹴り・受け・移動などの基本的な動作をしっかりと身につけてはじめて、組手（試合）ができるようになります。基本を身につけずに組手をやっても、基礎を身につけている相手には手も足も出ませんし、受けがまともにできなければ最悪、大怪我をするということもあります。積み上げ型である算数という教科も、これとまったく同じです。

点数に一喜一憂せず分析を

お子さんのテスト結果を見て、何点を取ってよかった悪かった、偏差値がいくつ上がった下がったと一喜一憂しておしまいという親御さんは本当に多くいらっしゃいます。ほとんどの親御さんがそうだと言ってもいいくらいです。

そうやってお子さんの成長や弱点克服のチャンスをみすみす捨てていると、気がついたときには手遅れになっています。テストとは本来、何ができて何ができないのか、実力を「見える化」してくれるツールです。これを活用しない手はありません。

ＲＩＳＵの卒業生には、ほぼ独学で大学受験に臨み、見事に東京大学に合格するような子どもたちもいます。彼ら彼女らは、自分の弱点と自分の得意を分析し、理解している子どもばかりです。自己分析ができるからこそ、独学で、最短ルートで成績を上げていくことができるのです。誰でもできることではありませんが、なるべくそこに近づければ近づけるほど、子どもも楽、親も楽になります。

点数に一喜一憂せず、できたところ、できなかったところを当たり前に分析して対応する、親御さんにはぜひこれを心がけていただきたいと思います。

Q 10

女子に向いている算数の勉強法は

A. ある

B. ない

どっち？

Answer

B. ない

「女子は算数が苦手」は俗説

「女性は男性よりも数字を扱うのが不得意」というイメージは世間に根強くあります。

ＲＩＳＵ受講生のお母さんとお話をすると、「自分は女性だから算数が苦手な文系で、娘も女子だから算数が苦手なんです」というようなことをおっしゃる方は多くいます。

そういうお母さんには試しに考えてみてほしいのですが、ではお父さんは本当にあなたより算数が得意でしょうか？　日常生活をよくよく振り返ってみたら、ご夫婦でそんなに変わらなかったりはしませんか？

実際、近年の「数学とジェンダー」についての大規模な学術調査では、算数や数学の成績に統計的な男女差がないことが示されています。「男の子は算数が得意」「女の子は苦手」というのは誤った思い込み。つまり、俗説なのです。

母親が算数を苦手としているからといって、「娘も算数は向いていないはずだ」とか「算数ができるようになるには女の子のための特別な勉強法が必要だ」とかいったことを考える必要はありません。

そもそも「女の子は算数ができない」などという事実がないのですから、女の子に特に向いている勉強法もありません。もしも算数の成績が振るわないのならば、女の子も男の子も、同じように勉強法を工夫すればよいだけのことです。万が一にも娘さんに向かって「女の子だから算数が苦手なんだね」などと言わないでくださいね。

そんなことを言われて算数を勉強する気になる子どもがいるでしょうか？　むしろ「自分は女の子だから算数ができなくても仕方ないんだ」という言い訳を与えてしまって、苦手がずっと苦手なままということになりかねません。

親の言葉は、子どもの学習態度に大きな影響を与えます。先の調査でも、そのことへの言及がなされています。

2022年、東京大学の最難関科類である「理科3類」の合格者数でトップに立ったのは、女子校である桜蔭高等学校でした。日本最難関の東京大学の理科3類に合格するためには非常に難易度が高いとされている理系数学の試験で高得点を取らなくてはなりません。これは「女子だから数学が苦手ではない」ことを証明する事実の一つでしょう。

単元ごとの男女差

RISUがもつ学習データを詳細に分析すると、算数に関して男女差がまったくないわけではありません。「図形・図表」、とりわけ「立体図形」に関する問題で、女の子よりも男の子の方がやや成績が高い傾向にあります。とはいってもせいぜい7%程度。逆に「細かい計算」の一部など女の子の方が成績のよい分野もちらほらありますが、こちらも数%の違いしかありません。全体として、「女の子は算数が(おしなべて)弱い」というわけではありません。

男の子の方が立体図形を得意とする傾向にある要因としては、男の子向けとされるおもちゃに、女の子向けに売られているものよりも立体を扱うものが多いことが考えられます。レゴなどのブロック玩具やプラモデルなどが典型ですね。

おもちゃ屋さんに行って売り場を眺めれば、この違いはまさに一目瞭然。商品ごとのデータがあるわけではないので断言はできませんが、このような違いが子どもたちに多少の影響を与えている可能性はあるでしょう。

もちろんこれはあくまで一つの仮説にすぎませんが、「図形」の領域における成績の若干の差は、そのような環境の差、ある意味では慣れの差からくるもので、生まれ持った素質として女の子が立体図形を苦手としているわけではないと私は考えています。

算数の得意・苦手を性別と結びつけない

繰り返しになりますが、子どもたちの算数の成績に男女差を探せば、男子が得意な傾向にある領域、女子が得意な傾向にある領域はそれぞれたしかに認められます。しかし、あえて強調するほど大きな差ではありません。そして、算数という教科全体においても男の子は得意とか女の子は苦手などということはまったく言えません。

言い換えれば、算数の学習にあたって、男女の違いなど気にする価値がないのです。

親御さんには、そんなことを考えるよりも、女の子であろうが男の子であろうが、お子さんに算数の正しい学習方法を教えてあげてほしいと思います。

「じゃあその正しい学習法って何？」と思われるでしょうが、それはこれから本書を読み進めていただければ、よくおわかりいただけるはずです。

Q 11

毎日10分だけやって算数の勉強をやめてしまうわが子

A. 週のどこかで勉強の時間を1日（1時間）まとめて取ればよい

B. そのままでも大丈夫。勉強の習慣さえつけばOK

どっち？

Answer

B. そのままでも大丈夫。勉強の習慣さえつけばOK

勉強は筋トレと同じ

毎日10分ずつ算数の勉強をしているような子どもが、「たまたまその日は気分が乗ったから、1時間みっちりと計算問題に取り組んだ」ということであれば、これは非常によいことですね。

しかし、子どもに週に一度だけ、たとえば日曜日の夜に1週間分の算数の勉強をまとめて1～2時間やらせても、あまり学習効果は得られません。

なぜなら、**人間の脳というものは使わない記憶は忘れるようにできている**からです。1週間も間が空くと、前回学んだことはほとんど記憶に残っていません。

ただし、記憶が完全に失われる前にごく短時間でも覚え直す、すなわち「復習」をすると、記憶はその都度よみがえり、より強く定着・持続するようになります。

これは、筋トレのあと、しばらく何もしなければ筋肉が落ちて元に戻ってしまうのに対し、一定の間隔を置いて継続的にトレーニングを行えば筋力が維持され、さらに増大していくのと同じです。記憶には筋肉と同様に「メンテナンス」が必要なのですね。

一度にまとめて勉強をして、その内容をすっかり忘れてしまったあとにまた学び直すというのは単に時間のムダです。記憶が完全に失われる前によみがえらせるような学習方法、つまり、毎日継続的に机に向かう方が圧倒的に子どもに学力がつきます。それは、**1日に15分という短時間であっても十分**です。

実際、私たちの持つ学習ビッグデータは、「トータルの学習時間は同じでも、1回にまとめて学習するスタイルから毎日コツコツと学習するスタイルに変えるだけで、学習効率が約10%アップする」ことを示唆しています。

ですから親御さんは、まずはお子さんが学習習慣を身につけることを第一に考えてあげましょう。人間の記憶のリズムにのっとった継続的な学習習慣がお子さんの身につけば、それだけで成績はグンと上がります。1日の勉強時間については、この学習習慣が身についたあとの話です。

誤った勉強方法を褒めることの危険性

日ごろの学習習慣が身についておらず、「勉強しなさい」と毎日のようにお小言を言われている子どもがいるとしましょう。その子がある日、たまたま気が向いて長時間の勉強をしました。それを見た親としては、普通は褒めたくなるもの。

しかし、このようなシーンで褒めることは非常に危険です。

子どもの立場からすれば、「そうか、たまにまとめて勉強をやってみせれば親は喜ぶんだな。ならこれからも、勉強はたまにする感じでいいや」と間違った刷り込みが行われてしまうわけです。

第1章で私は「子どもは褒めて伸ばしましょう」と述べましたが、誤ったシーンで褒めることは子どもに悪影響を与えます。

たまにしかやらない勉強では、たとえ長時間だったとしても学力の定着が図れないだけでなく、最も大切な「学習習慣」も身につけることができません。

親御さんは「たまに長時間やる勉強」ではなく「短時間でも毎日やる勉強」を褒めてあげるようにしてください。

子どもには無理をさせない

親御さんの中には、「勉強はできるだけ長い時間やった方がいいのではないか」と思う方もいらっしゃるでしょう。しかし、人間の心理としては「今日は1時間も頑張ったんだから、明日は休んでもいいだろう」となりがち。これは、大人も子どももさほど変わらないでしょう。

本人に勉強したいという強い意欲があり、毎日30分なり1時間なり喜んで机に向かうという子どもの場合はそれでもよいでしょう（かなりレアケースですが）。しかし、現代の子どもはとても忙しい。学校で勉強して、帰宅してからは習い事もある。友だちと遊ぶことだって子どもにとっては大切な経験だと考えると、毎日1時間を自宅での勉強にあてるのは、なかなかに難しいことです。

やることが山積みされている中、疲れ切った体と脳で嫌々机に向かっても、ろくに学力は身につきません。子どもの様子を注視し、決して無理をさせないことを心がけてください。どうしても勉強時間を確保することが難しい場合、前述したように、習い事をひとつでも減らすような方向で調整していくとよいかもしれません。

Q12

苦手を真っ先に克服しないと手遅れになる分野は？

A. 位・目盛り

B. 時計の計算

どっち？

Answer

A. 位・目盛り

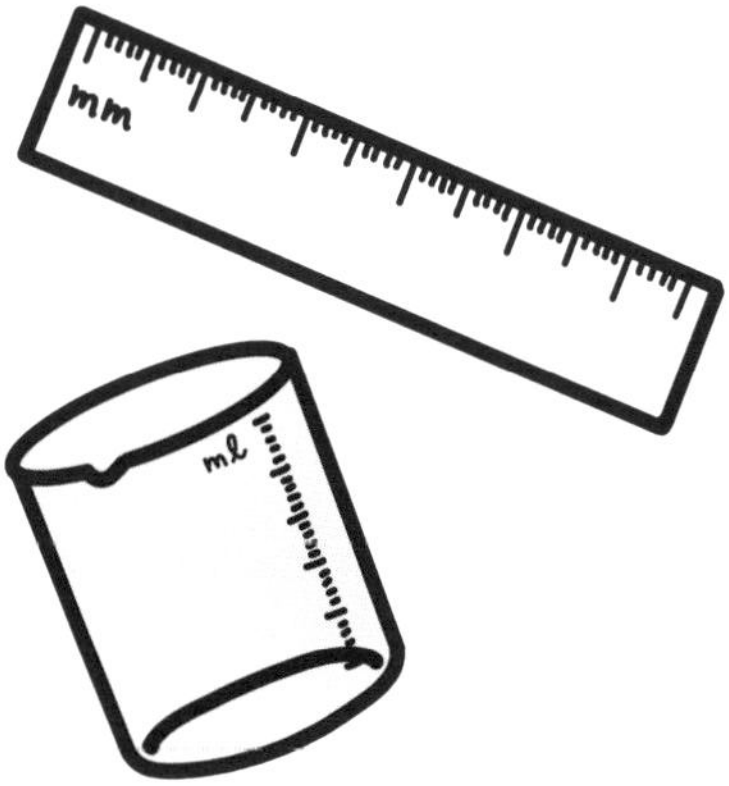

中学受験をしないなら「時計」は後回しでOK

時計は日常的に使うものなので、お子さんが時計問題をできないと親御さんが気にしすぎてしまうことがあります。しかし、そもそも基本的に十進法で成り立っている算数の世界の中で、時計というものは非常に特殊な存在で、子どもにとってはわかりづらく、つまずきやすいものです。

考えてもみてください。時計の世界では12の次が1だったり、60の次が1だったり、午前や午後というそこでしか使わない概念が登場したり、さらに盤の上でぐるぐる回る長針・短針・秒針が示したところを数字として読み取らないといけなかったり……算数のほかの分野とはおよそかけ離れたところにありますよね。

いくら身近にあるものだからといって、こんなに複雑なものが小学1年生で教えられていることと自体に無理があるとさえ感じられます。しかも、**小学4年生以降の高学年、そしてその先の中学数学でも、時計は一切取り上げられません。**中学校の入試で出題される可能性があるだけです。

極端なことを言えば、中学受験をしない子どもが算数を勉強していくうえで、時計が読めなくてもほとんど問題はありません。

「時計の針が読めないと日常生活で困るのではないか」と思う方もいるでしょうが、実際のところ、デジタル時計さえ読めれば問題ありません。現実にアナログ時計が読めない大人はほとんどいないわけですから、小学校低学年の時点できちんと読めなかったとしても、いずれどこかで読めるようになるはずです。

「位」がわからないと致命傷になる

一方で、数字の「位」という概念が理解できていないというのは、算数の学習を進めるうえで致命傷となりかねません。位がわからないと大きな数字は読めませんし、小数点を打つこともできません。

「百の位で四捨五入してください」「小数点2桁で答えてください」「概算してください」

といった問いが何を求めているのか、すべてわかりません。さらに、「0・78を分数にすると何ですか」のような小数と分数を行ったり来たりする問いや、3・14の円周率の計算にも対応できません。位はあとからなかなかリカバリーが効かない重要な単元なのです。

算数という教科で扱われる数は十進法で、位をもとに作られています。したがって、位がわからないというのは、数の仕組み自体がわかっていないということになります。それで算数ができるようになるはずがありません。

ところが、算数の大黒柱と言ってもいいくらい重要であるにもかかわらず、現行のカリキュラム構成では、位は1年生でさっと触れられてすぐに終わったあと、次に2年生の後半で出てくるまで実に1年間放置されます。

そのせいで、学校の授業を普通に受けているだけでは、ものすごく苦手になりやすい分野になってしまっているのです。

位がわからない、目盛りがわからない、単位がわからない

位と関連する「目盛り」も非常に重要です。

整数が11、12、13、14、15、16、17、18と1ずつ刻んであって、15と17の間を空欄にして「ここの数字は何ですか」と聞けば全員が「16」と答えられます。

しかし、1と2の間を百等分した目盛りのここが1・78ですというと、もうわからない子が出てきます。逆に、大きな位でいえば、100、110、120……と10きざみで続いて200まである目盛りの、113はここを指しますというのがわからない。1の刻みでない目盛りが数えられなくなるわけです。

ここができなくなると、「単位」もわからなくなります。リットルを10で割ってデシリットルに、キロメートルに1000を掛けてメートルに換算するということができません。つまり「倍数」がわからない。「四捨五入」も「およその数」も「繰り上がり・繰り下がり」も「小数点」も全部落とすことになるので、高学年になるとほとんどすべての問題で点が取れなくなります。

「うちの子は、分数・小数が苦手です」とおっしゃる親御さんが大勢いらっしゃいますが、位がわかっていないからつまずいていることが大半です。いわば低学年での潜伏期間があって、小数に進んでから発症したとしても、実際にはそのずっと前、位のときにつまずきの病原体が入ってしまっているわけですね。

そもそも根本の位が理解できていない状態で「小数ができないから」と小数の問題をいくらやっても、決してできるようにはなりません。

ピロリ菌が原因の胃《い》潰瘍《かいよう》で胃が痛いというときに対症療法として「胃薬を飲んでおいてください」というようなものです。胃がんの原因ともなるピロリ菌の除菌という根本治療をしないかぎり、ことあるごとに潰瘍は再発します。小数ができない場合も同様に、「位に戻ってしっかりと理解する」という、根本治療をしなければなりません。

Q13

算数の安定した学習習慣をつけさせるなら

A. 2日に1回のペースで1か月間やるまで見守る

B. 1日1回のペースで2週間やるまで見守る

どっち？

Answer

A.

2日に1回のペースで
1か月間やるまで見守る

1か月間に15日以上の学習で習慣定着率は20%アップ

「放っておいても子どもが勉強するようになるには、いったいどのくらい勉強させたらいいですか?」

そんなことをお尋ねになる親御さんが多くいらっしゃいます。

ご自身が子どもだったころを思い出してほしいのですが、そもそも世の中には、ほったらかしにして勉強するような子どもというのがあまりいません。自分の子どもにだけそんなことを期待するのは根本的に間違っていると、まずははっきりと申し上げておきます。

ただし、親がつきっきりではなく、ある程度のフォローアップをするだけでいいくらいに学習習慣が定着するまで、どのくらい学習を継続すべきかというのは統計的にわかっています。

RISUがもつ学習ビッグデータを分析した結果、**1か月に約15日の学習で、その後の学習習慣の定着率は約20%向上する**ということが判明しました。「まずは2週間頑張りなさい」というようなことがよく言われますが、私たちのもつデータによれば2週間では足りません。1か月に約15日、つまり2日に1回のペースで1か月間学習を続ければ、習慣になる率が2割増しになるということです。

逆に言えば、1か月やっても2割しか上がりません。ここで親が放置してしまうと、たちまち習慣が崩れる子どもがたくさんいます。特に長期休みが危険です。よくあるのは、「夏休みに入ってお盆に帰省し、その間ずっと放っておいたら、帰ってきてから何もしなくなりました」というパターンです。

そういうときこそ親の出番です。もっと言えば、そもそも1か月続けたからといって、そこで安心しきって放置するのはもってのほか。親から子への定期的な声がけやサポートは必ず続ける必要があります。

4か月目の壁

私たちの分析によれば、子どもの学習習慣はそのまま同じペース、2、3日に1回を4

か月続けるとほぼ定着します。4か月は長いと思われるかもしれませんが、それが事実です。親御さんはそれまでお子さんを見守り続けてください。

そして、さらにデータを見ていくと、ちょうどこのあたりで学習進度に一つの分岐点があることがわかります。そのまま順調に伸びていく子どもと、ガクッと落ちて、結局、学習をやめてしまう子どももです。

どんなものでも、3、4か月学習を続けると、一つの壁にぶち当たることになります。最初は実力相応かその少し下のレベルからスタートするので、当然ある程度の問題はスムーズに解けます。しかし、進んでいくと、ややこしい位の問題が出るとか、複雑な立体図形の問題が出るとか、必ず苦戦するときが来ます。

きちんと見守っている親ならば、このタイミングで適切にフォローしたり励ましたりできますから、子どもはこの壁を乗り越えることができます。そして、壁を乗り越えれば、「自分は苦手を克服できる」、「習慣的に学習すると新しいところに行ける」という確信を子ども自身がもつことができます。

しかし、失敗してしまう親御さんは、ここで学習教材をコロコロと変えてしまうわけです。ＲＩＳＵであれ、市販のドリルであれ、通信教材であれ、塾や家庭教師であれ、同じことです。４か月の壁に子どもというよりも親が耐えきれず、子どもが習慣づく前に親が見切りをつけて、新しいものを始めさせる。

子どもにしてみれば全部リセットされて、「また足し算からやり直しか」とがっかりしますし、そんなことの繰り返しを強いられていては、勉強する意欲自体がなくなってしまいます。

最近の研究によれば、**親の行動に一貫性があるかどうかで、子どもの脳の発達が変わる**といいます。親がコロコロとやらせることを変える、教材をコロコロ変える、塾をコロコロ変える、それで子どもにいいことは何一つありません。

「わからなくて諦めた」という失敗体験を子どもに与えるか、それとも「最初はわからなかったものを、頑張って克服した」という成功体験を与えるのか、親にとっても子にとっても、これは分岐点となります。

Q 14

子どもに算数の「先取り学習」をさせたい！
効果的なのは？

A. 街の計算塾やそろばん塾で
先取り

B. キャラクターの算数ドリルで
先取り

どっち？

Answer

B. キャラクターの算数ドリルで先取り

計算と算数は別物

「算数○年先取り」などと謳《うた》っている街の計算塾やそろばん塾をよく見かけます。お子さんを通わせている方も多いようです。しかし、そのような親御さんから次のような質問をよく受けます。

「街の計算塾に通って高学年や中学生の学習範囲の先取りをしているのに、学年が進むにつれて学校の算数の成績がどんどん落ちている」

「そろばん1級のはずなのに、全国模試を受けさせてみたら点数がまったく取れない」

「どうしてなの？　うちの子は、いったい何が悪いの？」

そういうお子さんに実力診断テストを受けてもらうと、必ずと言っていいほど文章題や図形問題で点を落としているんですよね。原因は明らかで、計算塾で計算だけに取り組んでいて、計算だけが上達しているからです。

計算は間違いなく算数の柱の一つで、速く正確に計算できること自体にはたしかに価値があります。しかし、決して算数そのものではありません。**計算だけがよくできても、算**

数ができるようにはならないのです。残念ながらここを勘違いしている親御さんが非常に多くいらっしゃいます。

リフティングだけをひたすらやっているなら、それはサッカー教室ではなくリフティング教室ですよね。サッカー選手に必要な技能にはパス回しもあれば、ドリブルもあれば、シュートもあるでしょう。戦術的な知識もいろいろあります。

小学生がリフティングだけ中学生並み、あるいはプロ並みに上達したところで、サッカーの試合には勝てません。リフティング教室に通ってリフティングがうまくなった子どもを見て、「サッカーがうまくなった」と思い込むのはまったくの錯覚。それと同じことです。

「先取りしているから大丈夫」という危険な思い込み

街の計算塾やそろばん塾が教えているのはあくまでも計算です。図形も文章題も応用問題も教えません。計算以外の領域をすべて飛ばしているわけですから、これらの塾で計算だけが先に進むのは当然のことです。そして、計算だけを進めたところで、実のところお子さんは、算数という教科に含まれる計算以外の要素が身についていないのですね。

全国模試や算数検定（実用数学技能検定）などでお子さんが算数ができるようになっていないことが客観的に明らかになったとき、その理由に納得して軌道修正し、与える教材や環境を考え直してくれる親御さんもいれば、そうでない方もいます。

計算塾での成績が良くて塾の先生に子どもが褒められている場合などは、なかなか軌道修正ができないかもしれませんね。塾の先生は算数を教えているつもりですから、「どんどん先に進んでえらいね」「算数がよくできるね」と言うわけです。すると、親もその気になって「うちの子は、もう中学1年生の方程式をやっているんですよ」なんてまわりに自慢していたりします。そこに「実は算数ができない」という現実を突きつけられてしまうと、そのギャップを受け入れるのはなかなか難しいでしょう。

また、「うちの子は先取り学習をしてるんだから、これは何かの間違いだ。たまたまできなかっただけ。計算塾の課題をもっと一生懸命にやれば、算数ができるようになるはずだ」などと方向を間違えたまま、さらに子どものネジを巻いたりすると、取り返しがつかなくなります。

取り組むなら算数全体を対象に

週に何度か計算塾に通って、そこで課題のプリントをどっさり渡され、ひたすら計算をやらされる……これは、子どもにとって決して楽しいことではありません。苦行といってもいいでしょう。子どもたちはそんな塾のほかにもスポーツなどの習い事に通っていたり、友だちとの遊びにも時間を使いたかったりするのです。

私としては、どうしても子どもに「先取り学習」をさせたいのならば、計算塾に通わせるよりも、たとえばお子さんが好きなキャラクターもののドリルや参考書などで、計算だけでなく文章題や図形を含めた算数全体を少しでも楽しく勉強できるようにしてあげた方がよほどいいと思います。

大事なのは計算という算数の一部でなく、算数全体をカバーする参考書であること。

本書の出版元だから紹介するというわけではありませんが、たとえば、『うんこ算数ドリル』シリーズなどはコンセプトが秀逸で、小学生の、とりわけ男の子にとっては魅力的な教材となるでしょう。

Q 15

気がついたら苦手なまま来てしまった算数。挽回のタイムリミットは

A. 3年生

B. 4年生

C. 5年生

どれ？

Answer

B.

4年生

算数の苦手克服は4年生までに

全国の子どもの学力に関するデータを統計的にみると、成績が優秀なグループとそうでないグループの間の学力差は、年齢とともに開く一方になります。人間が同じ時間で勉強できる分量は基本的には変わらないうえに、成績優秀なグループは進学校に入るなどして、よりよい学習環境を手に入れるわけですから、中学校高校以降で学力格差はどんどん広がっていきます。

そのような中、算数の学習において一度ついた差を必死に頑張って埋めて上位グループに追いつけるとしたら、**小学4年生までが限界ギリギリ**です。

算数では1年生から3年生の低学年で基礎を学んだあと、4年生からの高学年で応用に進みます。基礎が身についていなければ応用には対応できません。位の概念がわかっていない子どもが2桁の概算をやりなさいと言われて解けるはずがないのです。

つまり、算数の苦手克服のタイムリミットとは、低学年の学習内容にさかのぼっての復習が間に合うタイムリミットということになります。それが4年生です。5年生になってしまったら、長年全国の小学生の勉強を見てきた私たちの経験上、ほぼ手遅れと言っていいでしょう。

実際、全国の小学生の成績の統計データを見ても、5年生からテストの平均点はどんどん下がっていきます。学年が進むとともに応用的・複合的な問題が増え、基礎が身についていない子はどんどん点が取れなくなる一方、勉強ができる子が取れる点には100点満点という上限があるので変わりません。その結果として、全体の平均点が下がるわけです。

苦手克服は一つひとつ

算数という積み上げ型の教科では、低学年で学ぶ内容を100％身につけていなければ、高学年の内容を身につけることはできません。高学年になって算数が苦手な子どもというのは、算数の学力についてだけいえば低学年と同じなのです。必ず、いったん低学年に戻って、理解が抜けているところを学び直さなければなりません。

たとえば、5年生のお子さんで現在の偏差値が40だったとします。こちらを偏差値60まで伸ばしたいと希望している場合、どうすればいいでしょうか。

まず実力診断をして、苦手の原因を明らかにします。

位がわかっていないのか、あるいは図形の基礎が身についていないのか。学年が5年生であっても、2年生の範囲がわかっていなければ算数の力は2年生相当、3年生の範囲がわかっていなければ3年生相当です。

ほかの子どもが5年生・6年生の2年間で学べばいいところを、同じ2年間で3～6年の4年分をやる、つまり倍の効率で必死に勉強して、やっと届くのが偏差値50です。現実的に考えて、中学受験までに算数の成績上位グループに入るのは不可能と言えます。

しかし、まず偏差値50にならなければ永遠に60にはなれません。何度も言いますが、算数は積み上げ型の教科です。**苦手を一個一個つぶしていけば、すなわち、教わった概念を用いて決まった範囲の問題を解くことが一つひとつできるようになれば、必ず成績はアッ**

プしていきます。

どんな名医でも、生活習慣病を1日で治すことはできませんし、どんな名コーチでも1週間で素人をプロのアスリートにすることはできません。「偏差値40からいきなり偏差値60に」などという非現実的な夢は捨ててください。

現在の偏差値が40なら、まずは45を目指す。45になったら50に手が届く。50に追いついたら55が見える。正しく現状把握して、徐々に刻んでいくしかないのです。

以上は、苦手を自覚している場合の話です。

「うちの子は3年生まで算数が得意なまま4年生になったから、安心」とは必ずしも言えません。繰り返しになりますが、4年生から応用・複合問題が増えていきますし、計算だけを見ても分数や四捨五入などが登場してややこしくなっていくのです。

高学年でつまずいて一気に苦手になってしまうお子さんも多いですから、親御さんは決して油断せず、お子さんの勉強をしっかりと見守ってあげる必要があります。

Q16 子どもが「算数得意！」と自信をもつためには

A. 今の実力で解けそうな応用問題に挑戦させる

B. 必ず検算する習慣を身につける

どっち？

Answer

B. 必ず検算する習慣を身につける

できる子は必ず検算をしている

検算というと、お子さんも親御さんも、「試験の時間が余ったら念のためにしておくもの」くらいに考えている方が多いのですが、これはまったくの間違いです。

学習ビッグデータを読み解くと、**算数が得意な子は必ず検算をしている一方で、苦手な子はたいていの場合していません。**検算の習慣があるかないかが得意と苦手を分けていると言ってもいいくらいです。**偏差値でいうと10くらい、テストの点数にして10～15点変わってきます。**

子どもであれ大人であれ、どんなに計算が得意でも人間である以上は必ずミスを起こします。高学年になって、四則混合、あるいは分数・小数などを含む長くて複雑な計算になればなおさらです。足し算とかけ算の順番を逆にしてしまうかもしれませんし、分数をひっくり返すのをうっかり忘れるかもしれません。

検算の習慣が身についていれば、こうしたケアレスミスを防ぐことができます。「何を当たり前のことを」と思われるかもしれませんが、当たり前のことであるからこそ見落とされがちなのです。

塾に通っても検算をするようにと口酸っぱく指導する講師はいませんし、学校の先生や親御さんも意識して教えることはありません。検算の重要性は、算数という教科の中で一種の盲点のようになっているのです。

検算をするだけで確実に偏差値は上がる

私たちの経験から言えば、偏差値が40台の子どもに対して、確実に検算するように指導するだけで、ほぼ１００％、20人いたら19人は、大なり小なり偏差値が上がると断言できます。

特に男の子に多いのですが、成績が悪い子どもの中には、テストのときとにかく早く答えを出そうとするあまり、あとから見て自分でも読めないような字で答案に走り書きをするお子さんがいます。こうなると検算しようにもできません。

上手な字である必要はありませんが、こういう子どもは、ある程度、文字を丁寧に書く癖をつけるところから始めなければなりません。

取れる点を確実に取ることが自信につながる

高学年になって受けるようになる模試などには、単元ごとの理解度を確かめる確認テストと違い、大半の子どもが解けないような難しい問題も含まれています。入試では高得点者から低得点者まである程度バラついてくれないと選抜できませんから、受験者の間に差がつくような作問をします。模試はこれを「模」しているわけです。

そして、苦手な子にありがちなのが、テストの問題には確実に正答すべき簡単なものと、それより優先順位が低い難しいものの両方が含まれることを意識できておらず、難しい問題でずっと引っかかって、うなったまま時間切れになるというパターンです。こうなると検算の時間も取れませんから、取れるはずの問題まで落として低得点ということになります。

テストを受けるたびに点数が低いとなれば、当然子どもは自信を失っていきますし、算数に対する苦手意識も増長していきます。点が取れない原因を分析もせずに親がしかれば子どもはただ焦り、テストのときのプレッシャーだけが増して、ますますうまくいきません。これは、完全に悪循環です。まず大事なのは、解ける問題を確実に解く、取れる点数を確実に取るということです。

では、試験で確実に得点しようとすれば、どうすればいいのでしょうか?

たとえば、3つの小問で構成された大問が複数ある試験の場合。各大問において、たいてい1番目と2番目の小問は教科書的な素直な問題で、3番目の問題が難しい応用問題です。

したがって、1番と2番の小問は確実に解き切る。3番目の問題を読んですぐには解けないなと思ったら、次の大問に進む。この繰り返しで最後まで一通り進み、時間に余裕があったら、残してきた難しい問題に戻ります。

このとき、3番目の小問に試験時間ギリギリまで取り組むのではなく、解けたと思われる1番目と2番目の小問の検算の時間を確保しておきます。**すべての問題を解こうとすることよりも、計算ミスだけは絶対にしないことを優先する**のです。試験のラスト5~10分は、もう問題を解きません。解いた問題の計算ミスをひたすら探します。

ある種テクニックの話になりますが、算数・数学が得意な子どもというのは、試験で当たり前のようにこのように振る舞っているんですね。

そして、**実はこのテクニックは、日本屈指の高難度とされる東大入試数学の攻略法でもあります。**東大の入試数学はおよそ5割得点できれば合格ラインです。「すべての問題を解く必要はなく、標準的な難易度の問題だけを確実に得点すればいい。計算ミスだけは絶対にしないよう、検算に十分な時間を使わなくてはならない」ということを、合格者はみんなわかっていて、そのように振る舞っています（ただし、理科三類だけは例外で、数学でも高得点が要求されますが）。

入試（模試）問題は100点満点を取ることが期待されるテストではありません。自分の実力を確実に発揮すること、試験の瞬間に自分が解けるものを確実に点数に変えることが肝要ですし、試験の目的にもかなっています。

解けるはずの計算問題をケアレスミスで落とした結果45点、50点に終わるのと、解ける問題の点数を確実に積み上げて65点、70点を取るのとでは、親御さんが受ける印象以上に子どもが感じる「手応え」が変わってきます。

「このレベルの問題について、自分は確実に得点できるんだ」という自信がつけば、子どもの学習へのモチベーションも高まり、成績向上への好循環が生まれます。

Q17 子どもがつまずきやすい問題は（低学年編）

A. 立体図形

B. 位・目盛り

C. 時計と時刻

どれ？

Answer

B. 位・目盛り

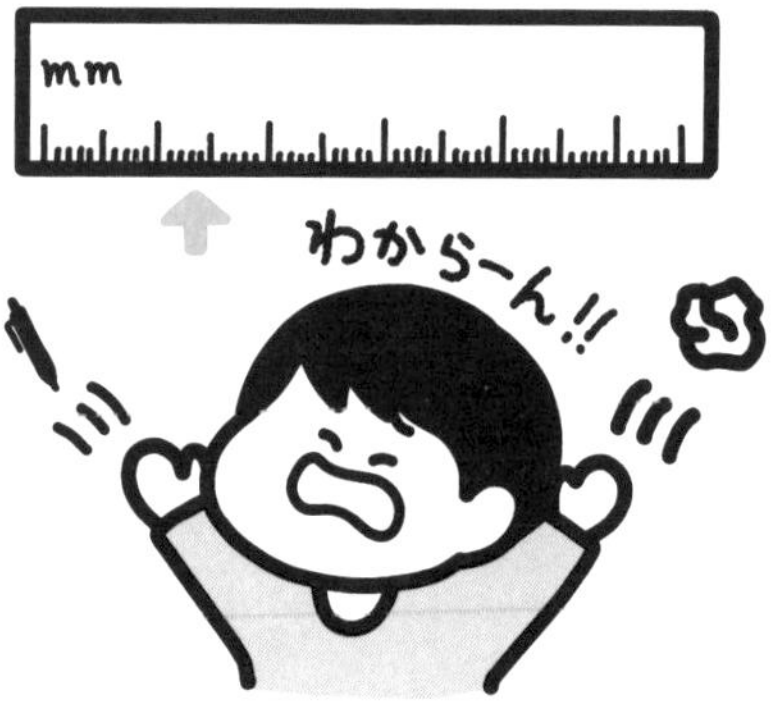

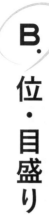

「位」は算数の一丁目一番地

子どもが低学年で最もつまずきやすいのは「位」の概念の理解です。そのうえ、ここの理解が不十分なまま進んでしまうと、その後の学年では位を基礎として、その応用にあたる内容を次々と学ぶことになりますから、それらすべてが理解できないということになります。つまり、位をおろそかにすると、算数という教科の学習そのものが崩壊します。

重要なのは位という概念そのものの理解です。

概念がわかっていないのに、大量の計算問題をやらされて、いいかげんに指で数えたり、解法の丸暗記で強引に乗り切ろうとしたりするのが最悪のパターンです。

1～2年生が取り組む「20＋10」のような問題なら、まだ指で数えてしのげますが、3年生になって「2643＋583」のように桁数が増えるともうダメです。さらにそれをかけ算・割り算しなさいとなると、もう完全に破綻して手も足も出なくなってしまいます。

小学校では「兆」までの十進法の位取りの仕組みを学びます。銀行の預金など桁の多い数字を表すとき、一般的には「3桁」ごとにコンマが入りますよね。これは1952年に仕事の効率化を図る目的で、国が各省庁に通知したルールです。

しかし、このルールは3桁区切りで捉える英語圏の数字の数え方が元になっており、実は、日本の4桁区切りで捉える数字の数え方とはマッチしていないのですね。マッチしていないのに、すでにルールが浸透してしまっているので、いまさら改められることはありません。

そこでRISUでは、位を苦手としているお子さんに、「**桁が大きい数字は4桁ごとに縦線を引きましょう**」という指導をしています。つまり、日本の数字の数え方にあった、4桁区切りです。こうすることで、位がずっと捉えやすくなります。

日本の数字の数え方とマッチしているこのテクニックによって、RISUの指導を受け

4桁ごとに線を引くだけで得点力UP！

4 9 3 2 2 5 1 0 9 7

4 9 | 3 2 2 5 | 1 0 9 7

億　万

た子どものほぼ100%が1週間以内に位の得点力がアップします。

大変効果があるテクニックですので、ぜひご家庭での勉強にも取り入れてください。

「目盛り」はもう1つのハードル

位の概念、複数桁の数字がわかっても、目盛りでつまずくケースはよくあります。目盛りが読めないと、グラフの問題は解けません。もちろん中学以降の数学や物理の学習にも悪影響が出るでしょう。

目盛りでつまずくのは、1つの目盛りが1とはかぎらず、10や100だったりするからです。「1目盛りあたりいくつ×目盛りの数」を考える必要があるわけですが、これは

つぎの 矢《や》じるしが さす 数《かず》は いくつですか。

1

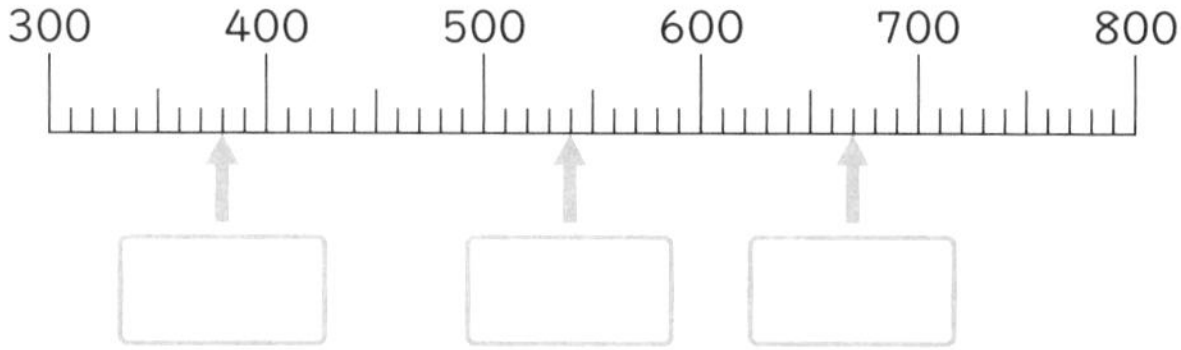

一番《いちばん》 小《ち》さい 目《め》もりは 10を あらわしています。

頭の中で計算式を立てているのと同じことです。

抽象的な目盛りを数えて、それが示す数字を計算するのは、あらかじめ数字が示されている計算問題を解くより複雑で、慣れるまでは難しいかもしれません。しかし、位がわかっていれば対応できるはずです。

上の例題のように、1目盛りが1ではない問題を使って、お子さんの理解を確認してみてください。

Q18

子どもがつまずきやすい問題は(高学年編)

A. 約分と通分

B. 角度の計算

C. およその数・四捨五入

どれ?

Answer

C. およその数・四捨五入

重要単元「およその数・四捨五入」の基礎も「位」

「およその数・四捨五入」は、4年生以降に学ぶさまざまな数の概念の入り口となる単元です。ここでつまずいてしまうと、その後の「平均」や「数列」、中学数学の「べき乗」などの単元が芋づる式に苦手になっていきます。

それだけではありません。「およその数・四捨五入」は、検算のさい、だいたいの数字が合っているかの見当をつけられるかどうかにも関わってきます。つまり、**この単元の理解を曖昧にしておくと、マイナスの影響が算数・数学の得点力全体に及ぶ**のですね。

たとえば、次の2つの問題は、「およその数」がわかっていれば、実質的にはそれぞれ5万引く2万、7千引く4千でしかなく、非常に簡単な計算です。しかし、およその数を考える前に、子どもが切りの悪い数字を見て「面倒そう。いやだ」と思ってしまうというのがつまずきの症状です。

1 51600－19270　答《こた》え およそ □ 万

2 あるチョコレート工場《こうじょう》で、先週《せんしゅう》はチョコレートを4181こ、今週《こんしゅう》は6829こつくりました。先週と今週につくったチョコレートの数《かず》のちがいは、およそ何《なん》千《ぜん》こですか。

答《こた》え およそ □ 千こ

最初の教わり方が悪かったせいで苦手意識をもってしまい、その後は本来解けるはずの問題にも取り組む気力を失ってしまうというのが、よくあるパターンです。

重要な単元であるにもかかわらず、「およその数・四捨五入」は小学生の日常生活と強くひもづいているわけではないので、直感的な理解が及びにくく、つまずきやすくなっています。そして、この「およその数・四捨五入」を理解するには、低学年の段階で位を理解していることが絶対に必要です。つまり、ここでも根っことなるのは低学年のときの位の理解なのです。

つまずいたら、まず位の理解をチェック

お子さんが「およその数・四捨五入」でつまずいた

数《かず》を10倍《ばい》にすると、位《くらい》が1つずつあがり、もとの数の右《みぎ》はしに0を1こつけた数になります。

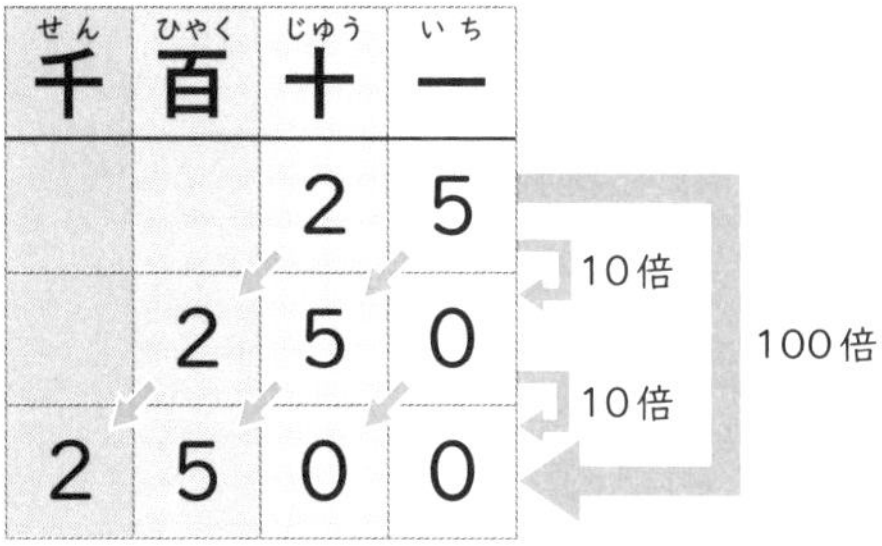

ときは、まず基礎に立ち戻り、上の図のような3桁・4桁までの位の仕組みを理解しているかをチェックしてください。**位がわからないままで四捨五入は絶対にできるようにならないので、何をおいても位を理解することを最優先にしましょう。**

位さえ理解できていれば、「およその数・四捨五入」の問題は計算そのものが難しいわけではありません。数字を一つずつきちんと四捨五入して計算する癖さえつければ、この単元は克服できます。

親御さんは、「低学年の単元である位をいまさらやり直すなんて……」と思うかもしれません。しかし、親子で変に焦って「およその数・四捨五入」の問題をドリルなどでたくさんやったところで、根本的な対策にはなりません。

繰り返しますが、算数は完全な積み上げ型の教科です。パターンの暗記で多少は目先の点が取れるようになるかもしれませんが、位の理解という土台そのものが腐っているのですから、安定的に点を取れるようには決してなりません。

そして、低い点を続けて取るようなことになると、先に述べたように、一見してうっとうしい数字ばかりが問題文に出てくるので、「およその数・四捨五入」にかかわる問題に取り組むこと自体に、子どもが拒絶反応を示すようになってしまいます。

そうなってしまうと取り返すのはより難しくなります。

急がば回れ。

安定的に点を取りたいなら、土台の単元をしっかりと理解する。このことを、くれぐれも肝に銘じておいてくださいね。

Q19

国語の成績がいい子は算数も優秀ってほんと？

A. ほんと

B. うそ

どっち？

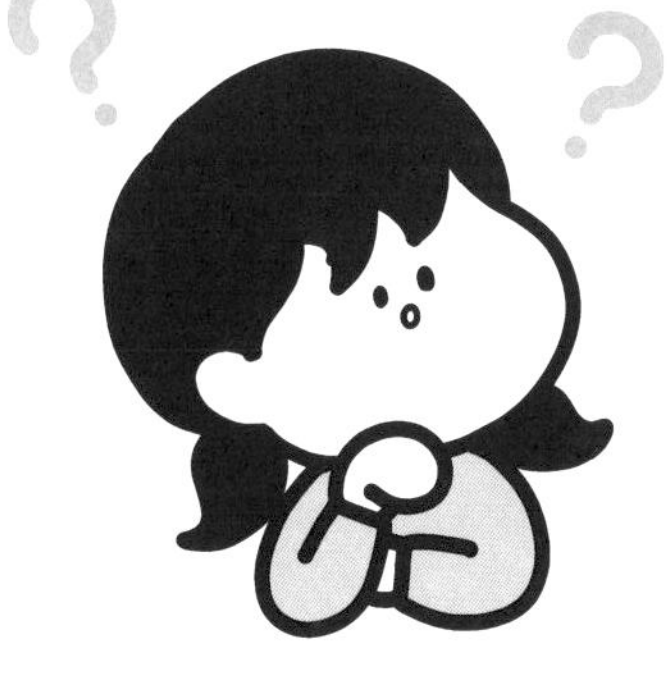

Answer

B. うそ

国語の成績が良ければ算数の成績が良くなる……わけではない

「国語ができる子どもは、算数などそのほかの教科の成績もいい。国語はすべての教科の基礎である。だから国語だけをひたすら勉強すれば全教科が伸びていく」

世の中にはそんなことを言う人がいますが、**この主張には何の根拠もありません。学習ビッグデータによれば、ほぼ100%誤りです。**

少し考えてみていただきたいのですが、そもそも算数に出てくる国語の要素といえば、文章題の問題文ぐらいのものです。それもせいぜい4行くらいの短い文ですから、高度な国語の読解力など必要ありません。

問題文も理解できないほど国語がわかっていなければ、もちろん文章題は解けませんが、それはつまり日常レベルの日本語が使えないということですから、国語の成績うんぬんという話ではありません。

国語ができたら自動的に時計が読めるようになるのか、四則演算ができるようになるのか、常識的に考えればそんなはずがないことはおわかりいただけるでしょう。

国語と算数はほぼ無関係の教科と言えます。そうであれば、果たして算数をサボって国語だけを勉強して、算数が伸びるでしょうか？　ありえません。「国語を鍛えれば算数が伸びる」という説には、エビデンスなどまったくありません。

「国語の成績が良くて、算数も良くできる子どもを実際に知っている。やっぱり何か関係があるのではないか」と思う方もいるかもしれません。そういう子どもは、単に勉強全般が得意なのです。

勉強の習慣が身についていて、学習に日々コンスタントに取り組めていれば、当然どの教科の成績も伸びていきます。国語の学習そのものが算数の学習に生かされているわけではありません。

「国語力」なるものにだまされてはいけない

「頭の良さは『国語力』で決まる」「『国語力』を身につければ成績が上がる」といったフレーズを耳にされたことがある方も多いでしょう。子どもの学びや中学受験については、

「親が9割」やら「受かる子の家具配置」やら、商業的な都合で極端なこと、とっぴなことを言って親御さんの目を引こうとする事例が非常に多いのですが、これもそのたぐいと言えます。

仮に「国語力」という能力が本当に存在するとして、ではそれをどうやって定量的に評価するのか。私が知るかぎり「国語力」を謳う本には明言されていませんでしたし、答えられる人はいないでしょう。

国語は非常に良くできたけれども算数・数学はからっきしダメだったという人はざらにいます。**世の中の読書家はみんな算数ができるでしょうか？　偉大な文豪たちはみんな算数が得意だったでしょうか？**　ちょっと考えればわかることです。

子どもたちに算数を教えている私自身も、かつては「算数や数学は得意だけど国語の成績はぱっとしない」という子どもでした。エンジニアには多いタイプです。算数・数学・物理など、最低限の「定理」を記憶して、あとはその場で考えるタイプの教科は好きでした。しかし、とにかく暗記が嫌いでしたので、国語なら熟語がなかなか覚えられませんでしたし、そのほかの教科、たとえば地域の生産物や工業地帯の名前を覚えないといけない日本地理などはまったくダメでした。

しかし、本は子どものころからよく読みましたし、読むのもかなり速いほうだと思います。「国語力をつけるために、子どもにはとにかく本を読ませなさい」という話もよく聞きますが、個人的な経験から、読書量と国語の成績もあまりダイレクトには結びついていないのだろうと考えています。

ともあれ、親御さんは「国語力」のような実体のない売り文句、それらしく持ち出されるだけで実際には何も説明できないマジックワードに惑わされることなく、国語であれ算数であれ、日々の地道な学習をお子さんに促し、大いに励まし、精神的に支えてあげましょう。

Q 20

子どもの算数の学びに生かせるのは

A. お小遣いで買い物

B. 初歩のプログラミング

どっち？

Answer

A. お小遣いで買い物

子どもにプログラミングをやらせたい親御さんは多いのですが……

２０２０年より小学校でも必修化されたプログラミングを、お子さんにもぜひ学ばせたいという親御さんは多くいらっしゃいます。みなさん、「子どもがプログラミングを学べば、英語や算数も得意になるだろう。プログラマーになれば、将来、Ｇｏｏｇｌｅなど世界的なＩＴ企業に就職できて、高給取りになるかもしれない」という願望をよくお話しになられますね。

お子さんがプログラムに興味津々で、放っておいても自分でどんどん学ぶというなら、その自主性に任せていていいでしょう。しかし、小学校で学ぶのは、あくまでプログラミングの前段階、「プログラミング的な思考方法」です。親御さんがイメージされているような、英語や数字が飛び交ういわゆるプログラミング言語は、小学生にはハードルがかなり高いと言わざるを得ません。

したがって、お子さんにプログラミングを無理に学ばせても、算数や英語の成績に直接的には影響しません。実際、**ＲＩＳＵの学習ビッグデータでも、「成績のいい子どもは副**

学習としてプログラミングを学んでいる」という仮説は否定されています。

算数の成績を上げるためにプログラミングを学ぼうというのは、野球がうまくなるためにサッカーの練習をするようなものです。サッカーの練習をすれば身体能力は上がり、結果的に野球もうまくなるかもしれませんが、野球がうまくなりたいなら、素直に野球の練習をした方がずっと効果的ですよね。同じように、英語や算数の成績を上げたいのなら、直接それらの教科を学習した方がよほど効果があります。

また、高給取りになれるかどうかで十数年後の職業を考えることも、あまり意味がありません。時代とともに社会が求める価値は変わっていくからです。私たちが子どものころは、プログラマーなどさほどもてはやされていなかったでしょう。お子さんが就職を考える10~20年後、プログラマーという職業は人工知能（ＡＩ）に駆逐されてなくなっているかもしれませんよ？

お小遣いで3桁の計算もすぐにマスター

わざわざプログラミングを副学習にしなくても、子どもを「算数が得意」にするチャンスはもっと身近にあります。

それは、「お小遣い」です。

お小遣いは、この社会で生きていくために必要なツールであるお金の仕組みや計画性を身につけることができる大事な教材ですが、それだけでなく、実は算数の勉強にも直結しているんです。

お小遣いをもらった子どもは、買い物に行き、自分が持っているお金で何が買えるのか、有効に使うには何を買えばいいのかを身をもって体験します。足し算・引き算はもとより、場合によっては、消費税の計算もしなくてはいけません。これが、算数の絶好の「学び」となるんですね。

お小遣いと一緒に、お小遣い帳も用意しましょう。そして、お子さん自ら、もらったお小遣い、自分が使ったお金を記入していくようにします。

子どもは自分の大切なお小遣いがいくらあるかを真剣に数えますから、ここでも足し算、引き算の練習になります。低学年が最もつまずきやすい単元である「位」や「およその数」なども自然に身につけることができます。

ときとして、手元に残っている金額と、お小遣い帳の金額が違ってしまうこともあるでしょう。しかしそれも、「検算」の重要性を認識する貴重な機会になります。自分が自由に使えるお金ですから、真剣度が違います。

お小遣いをあげるさいに留意していただきたいのは、**便利な電子マネーではなく、必ず現金で渡す**ということです。電子マネーは手軽に使え、管理も自動で行えますが、これでは、子どもは自分の頭を使って計算をしませんから、せっかくの学習機会がムダになってしまいます。

コンビニで、お母さんが小さい男の子に「好きなお菓子を選んで、これでピッとしておいで」と電子マネーカードを渡しているのを見かけたことがあります。「ああ、なんてもったいない!」と思いました。

私なら、子どもに現金を渡して「この金額内で、好きなだけお菓子を買っていいよ」と伝えます。すると、子どもはかぎられた金額内で満足度が最大になるお菓子の組み合わせを見つけるために、必死になって計算をするでしょう。どんなに計算ドリルを解くよりも、効果的かつ自然に計算力を鍛えることができます。3桁の足し算や引き算なんて、すぐにマスターしますよ。

Q21

「単位」の問題でつまずいているわが子。対策は

A. とにかく丸暗記させる

B. 補助教材でフォローする

どっち？

Answer

A. とにかく丸暗記させる

単位は丸暗記するしかない

単位の問題でお子さんがつまずくのは、単純に単位という記号を覚えていないからです。うろ覚えでなんとなく換算しては間違える、ということを繰り返している間は、単位の問題で得点できるようになりません。ただ苦手意識ばかりが高まっていきますので、そうなる前にできるだけ早く対策を打たなくてはいけません。

外国語を学ぶとき単語を暗記するのと同じように、**算数を学ぶために単位は暗記するしかありません。**計81個ある九九を暗記できるお子さんが、たかだか10個程度の単位を暗記できないはずがないので、あとは「暗記するために何をすればよいか」という問題になります。

暗記するしかないと言っても、とにかく暗記させようとして机に向かわせ、延々と書き取りなどをやらせると、当然お子さんにとっては何も面白いことはないので、うんざりして嫌になってしまうというリスクがあります。

効果的なのは、日常生活に紛れこませること。ＲＩＳＵのチームが開発し、「たしかに有効である」と確証を得ているメソッドがあります。それは、「**単位の換算表を家のあちこちに貼り、同時に、親が子どもとの日常会話の中で積極的に単位にふれる**」というものです。

単位換算表を家の中10か所に貼り出そう

まずは次の「ＲＩＳＵ式単位換算表」をダウンロードして、Ａ４など大きめのサイズでプリントアウトしていただいて、家のあちらこちら、10か所に貼ってみてください。子どもの学習机、冷蔵庫、リビング、お風呂、トイレなどは特に効果的です。

スーパーでの買い物から帰ってきたとき、牛乳パックには「リットル」が、肉や魚のラベルには「グラム」が登場します。お米を買ってくればパッケージには「キログラム」で重量が表示されています。

このとき冷蔵庫に換算表を貼っておけば、食品を手にとって冷蔵庫にしまいながら、お子さんとの会話で自然に単位にふれることができます。

RISU式単位換算表

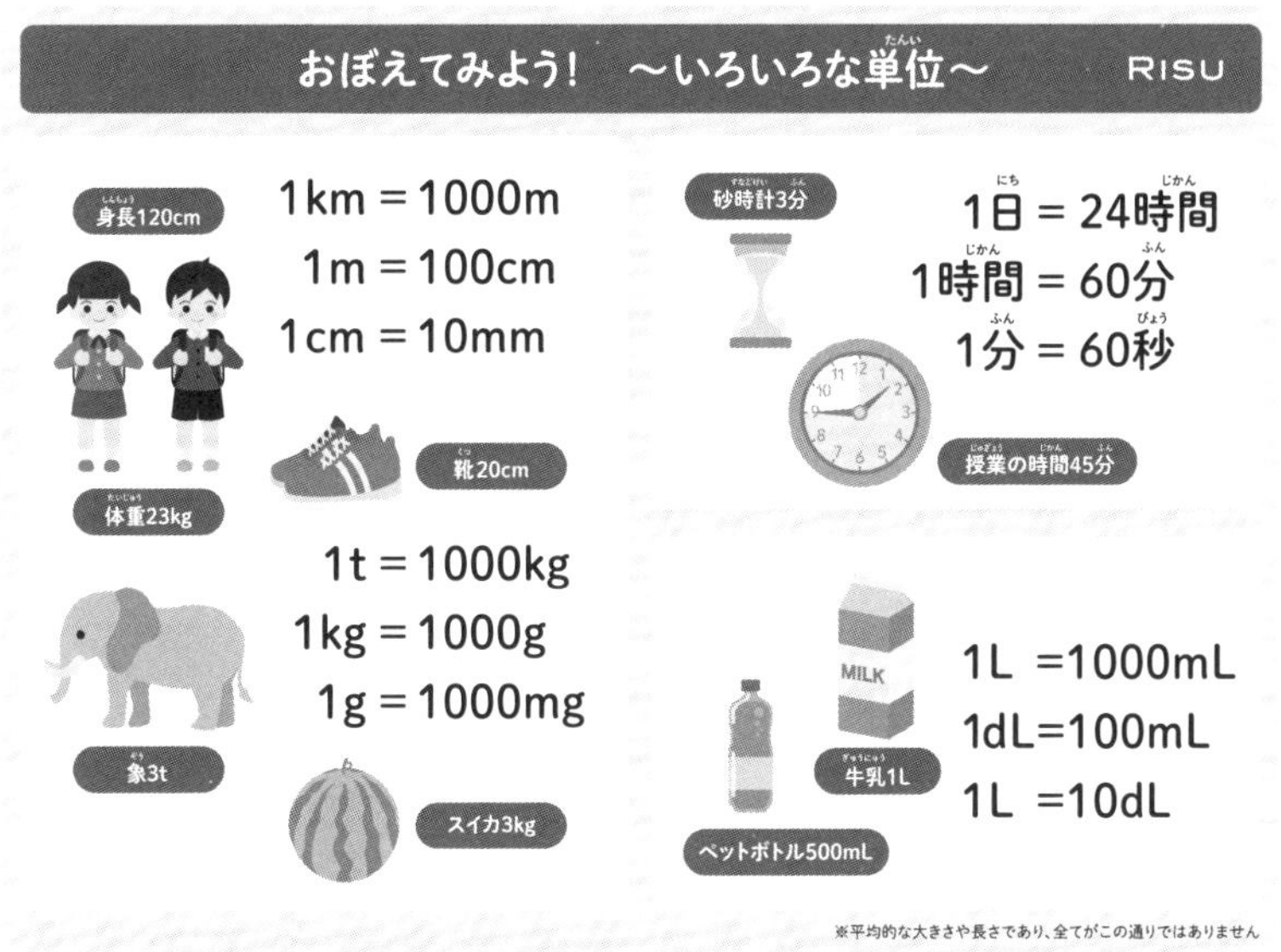

1mg	÷1000 ← / ×1000 →	1g	÷1000 ← / ×1000 →	1kg	÷1000 ← / ×1000 →	1t
1mm	÷10 ← / ×10 →	1cm	÷100 ← / ×100 →	1m	÷1000 ← / ×1000 →	1km
1mL	÷100 ← / ×100 →	1dL	÷10 ← / ×10 →	1L	÷1000 ← / ×1000 →	1kL

1mm²	÷100 ← / ×100 →	1cm²	÷10000 ← / ×10000 →	1m²	÷100 ← / ×100 →	1a	÷100 ← / ×100 →	1ha	÷100 ← / ×100 →	1km²

k（キロ）　1000
h（ヘクト）　100
d（デシ）　1/10
c（センチ）　1/100
m（ミリ）　1/1000

この単位換算表はPDFファイルとして上のQRコードからダウンロードできます。

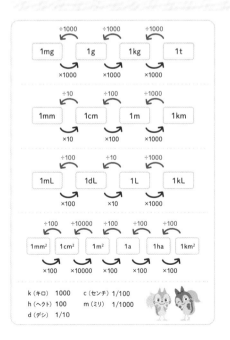

「1キログラムって何グラムだっけ？」と聞けば、お子さんは家の中の換算表で見た単位を思い出して答えてくれるでしょうし、もし思い出せなかったら目の前の冷蔵庫に貼られた換算表を見て確認して、記憶し直してくれるはずです。

人間は、ある情報を日常生活の中で大量に浴びせかけられると、その内容が記憶に定着します。**換算表を家じゅうに貼って会話に取り入れる。これを続けるだけで、単位を苦手だと言っていた子どもの95％が3か月で単位をマスターする**ことが、ＲＩＳＵが行った実証実験からわかっています。

ひらがな・カタカナや九九を覚えるときにはみんながやっていたことですから、単位も同じようにやればいいというのは想像に難くないのではないでしょうか。

単位の問題がなかなかできるようにならないとお悩みの場合は、ぜひこのメソッドをお試しください。

Q22

計算でケアレスミスが多い子ども

A. 解く道筋（式の立て方）がわかっていれば気にしなくていい

B. ケアレスミス放置は危険。検算を徹底させる

どっち？

Answer

B. ケアレスミスの放置は危険。検算を徹底させる

「ケアレス」ミス＝「検算レス」ミス

ケアレスミスはいつ誰にでも起こりうる、やむをえない現象であるかのように思われていますが、算数においてその原因のほとんどは「検算」をおざなりにしたことにあります。逆に言えば、**必ず検算をする習慣が身についていれば、ケアレスミスは防げる**のです。

街の計算塾などでは、大量の問題をとにかくハイスピードで解くことを生徒に求めます。そのさい、本質を理解していれば、つまり計算式の意味がわかっていれば、少々の計算ミスはかまわないと指導をしていることさえあります。

これはまったくの間違いです。そういう指導のせいで、テストのときにとにかく急いで計算をして次の問題に進むことばかり考える癖がついてしまい、大量の計算ミスで失点だらけというお子さんがよくいらっしゃいます。

計算にはスピードも大事ですが、正確さがなければまったく意味がありません。

たとえば、

「ある大問がクラスで一番早く解けました。しかし、その大問を構成する小問1の解答が計算ミスで間違っていたせいで、その解答の数字を使って式を立てる小問2以降は、式の立て方は合っていたけれどすべて間違い、大問まるごと失点しました」

というケースを想像してください。

「0点だけど本質は理解しているから問題ない」

と言えるでしょうか。過程がどうであれ、0点は0点でしかありません。

「いちいち検算していたらテストが最後まで終わらない子は、どうしたらいいのか」と思う方もいらっしゃるでしょうが、ハイスピードでやって全部誤答なら0点、途中まででも正答ならそこまでのぶんの点が取れるわけです。まずは、検算によって取れる点を確実に取り、手応えを感じることで、子どもが自分の学力に自信をもつことが重要です。

検算ができている子のノート、できていない子のノート

実は、検算はただミスを発見して「修正できてよかったね」というだけのものではあり

ません。自分が一度出した答えが間違っているかもしれないと自分を疑うこと、自分の思考を他人になったつもりで客観的に検討することでもあります。

一度立ち止まって自分を振り返る癖がついていると、あとで振り返りやすいようにものを書くようになります。思考が追えるようにものを書くようになると、読むときも書き手の思考を追うように、慎重に読むようになります。

そうなると、自然と文章題での失敗も減ってきます。検算の習慣によって、子どもの頭の使い方そのものが変わってくるのです。

検算ができている子のノート（①）と、できていない子のノート（②）を次のページに掲載しました。

見比べてください。文字がきれいとか汚いとかそういう問題ではありません。一番の違いは、自分の思考を振り返ることができるように書いているか、そうでないかです。

①：検算ができている子のノート

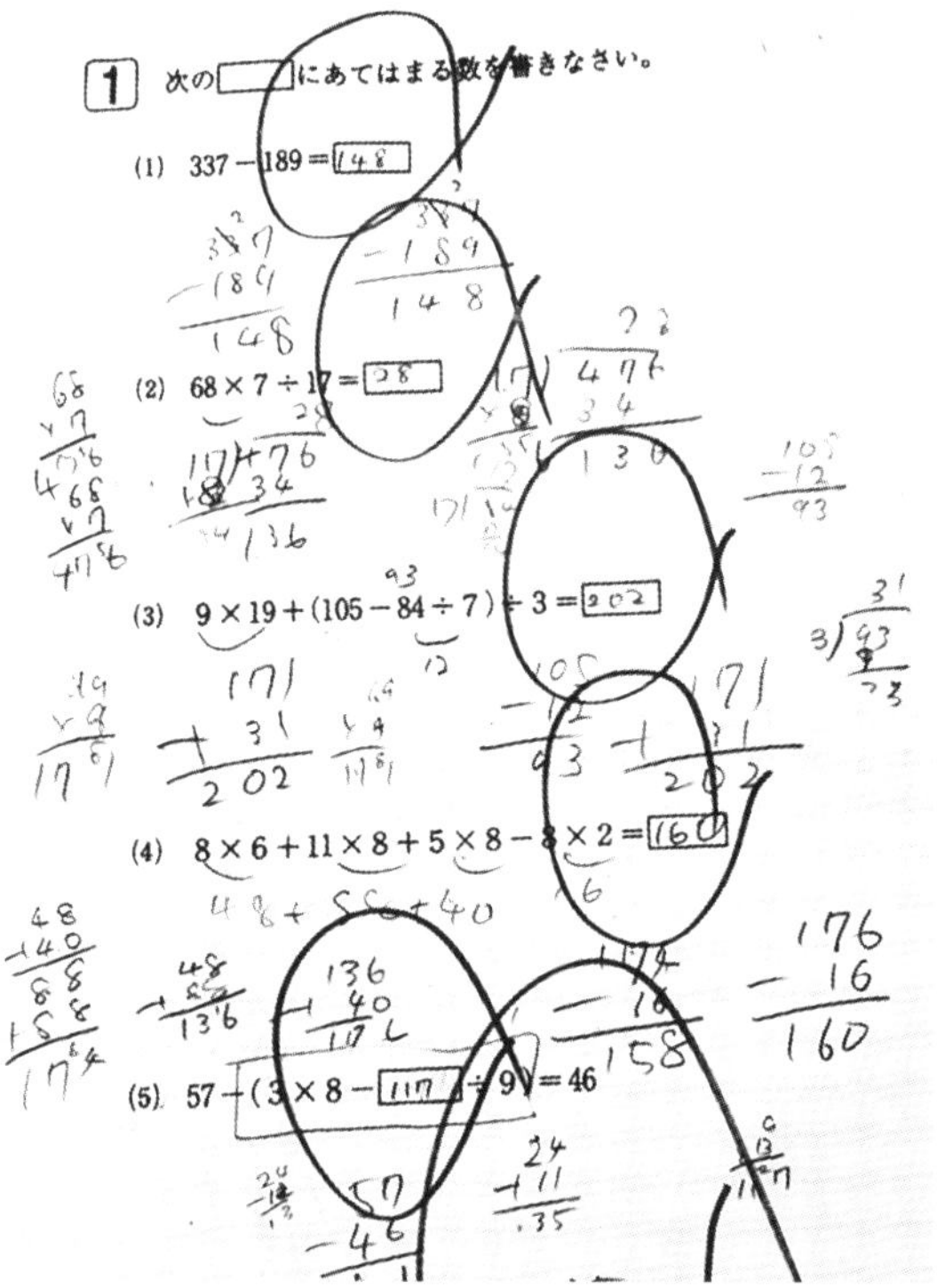

②：検算ができていない子のノート

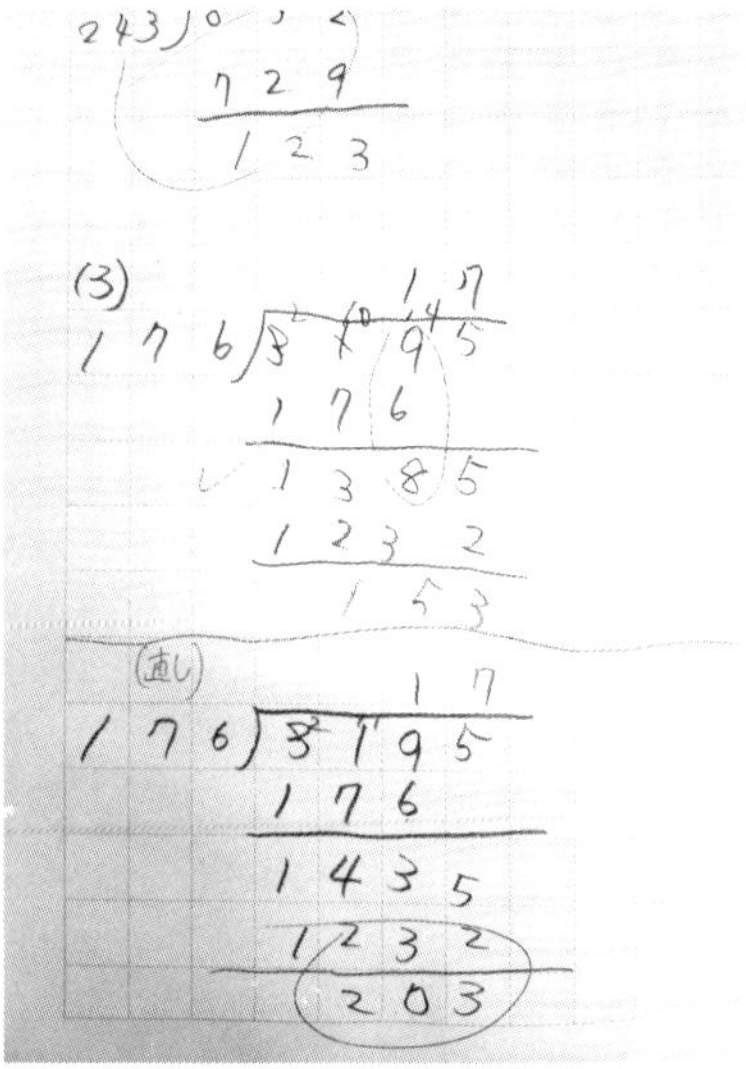

①は検算ができている子のノート、②は検算ができていない子のノートです。
検算ができている子は答案の余白にびっしり計算式を書き込み、時間内で何度も確認していますが、できていない子はその手間を惜しんで見直し（検算）をしなかったため間違えてしまい、バツをもらってはじめて気づき、再度計算しています。再計算では正答しているので、非常にもったいない間違いと言えます。

腕立て伏せをするにしても、正しい姿勢でゆっくり30回やるのと、いいかげんな姿勢で雑に回数だけ50回こなすのとでは、トレーニング効果はまったく変わってきます。正しく30回の方がずっと早く筋肉がつきます。算数も同じで、「必ず検算する」という正しい姿勢が身についてこそ伸びていきます。

高学年になれば小数と分数の混合などの複雑な計算という「ウエイト・トレーニング」に取り組むことになりますが、もしもそれまでに正しい姿勢が身についていなければ、お子さんは算数という教科において取り返しのつかない大怪我をすることになるかもしれません。

RISU コラム 2

子どもがこんなノートを取っていたらヤバイ!

学習ビッグデータを分析してみると、成績がよくない子ども、成績がいい子ども、それぞれに共通しているノートの取り方というものが見つかりました。

以下に、RISUの受講生からお借りした典型的なノートを示しましたので、お子さんのノートと見比べてみましょう。

ノートの取り方は、学校でも一般の塾でも熱心に教えていない、見過ごされがちなポイントです。ノートの取り方は学年が進むほど矯正が難しくなります。できるだけ早いうちに、「成績がよくなるノートの取り方」をお子さんに身につけさせましょう。

また、悪いノートの取り方として引き合いに出させていただいたお子さんですが、その後の指導により成績が劇的に改善したことを付記しておきます。

RISUコラム 2　子どもがこんなノートを取っていたらヤバイ！

例1：成績がいい子どものノート

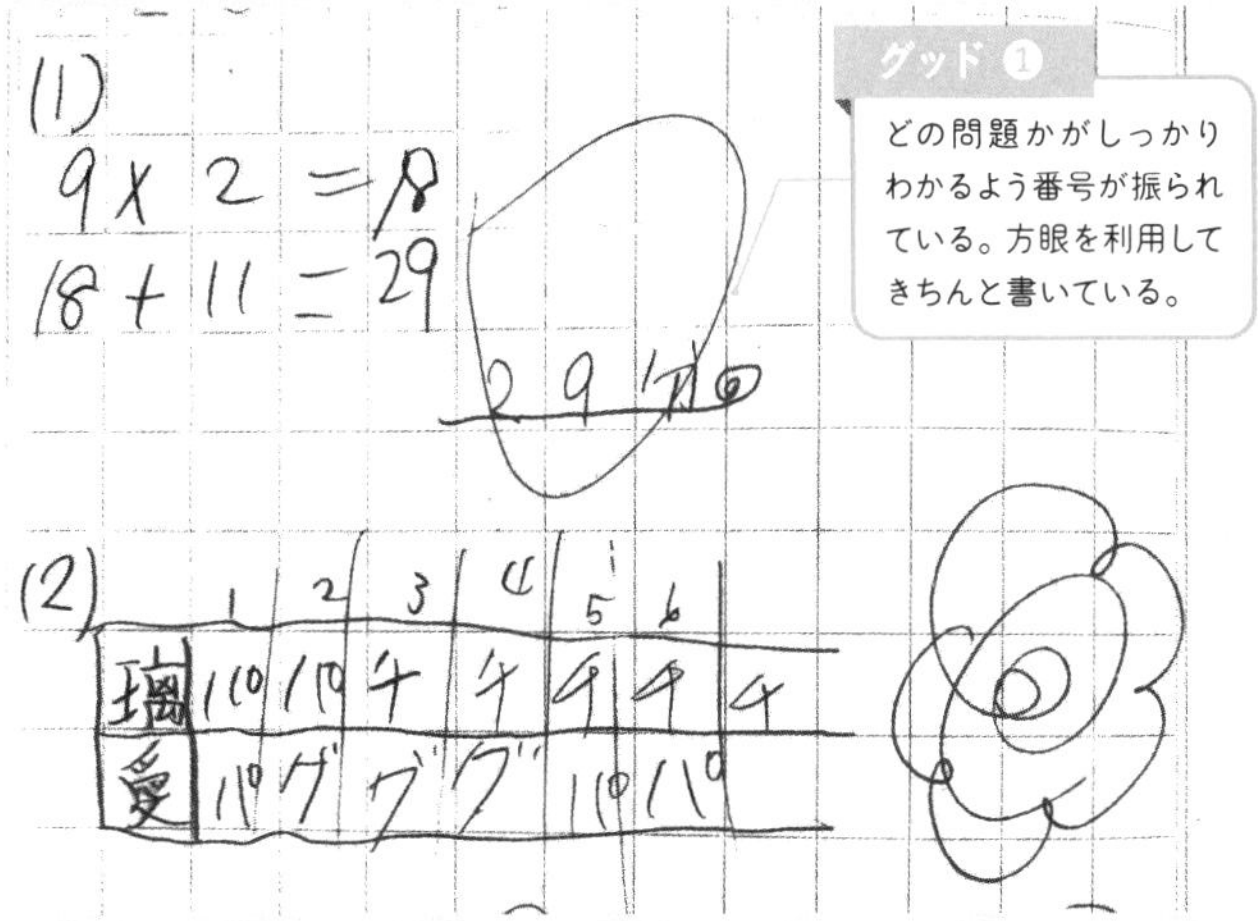

例2：成績がよくない子どものノート

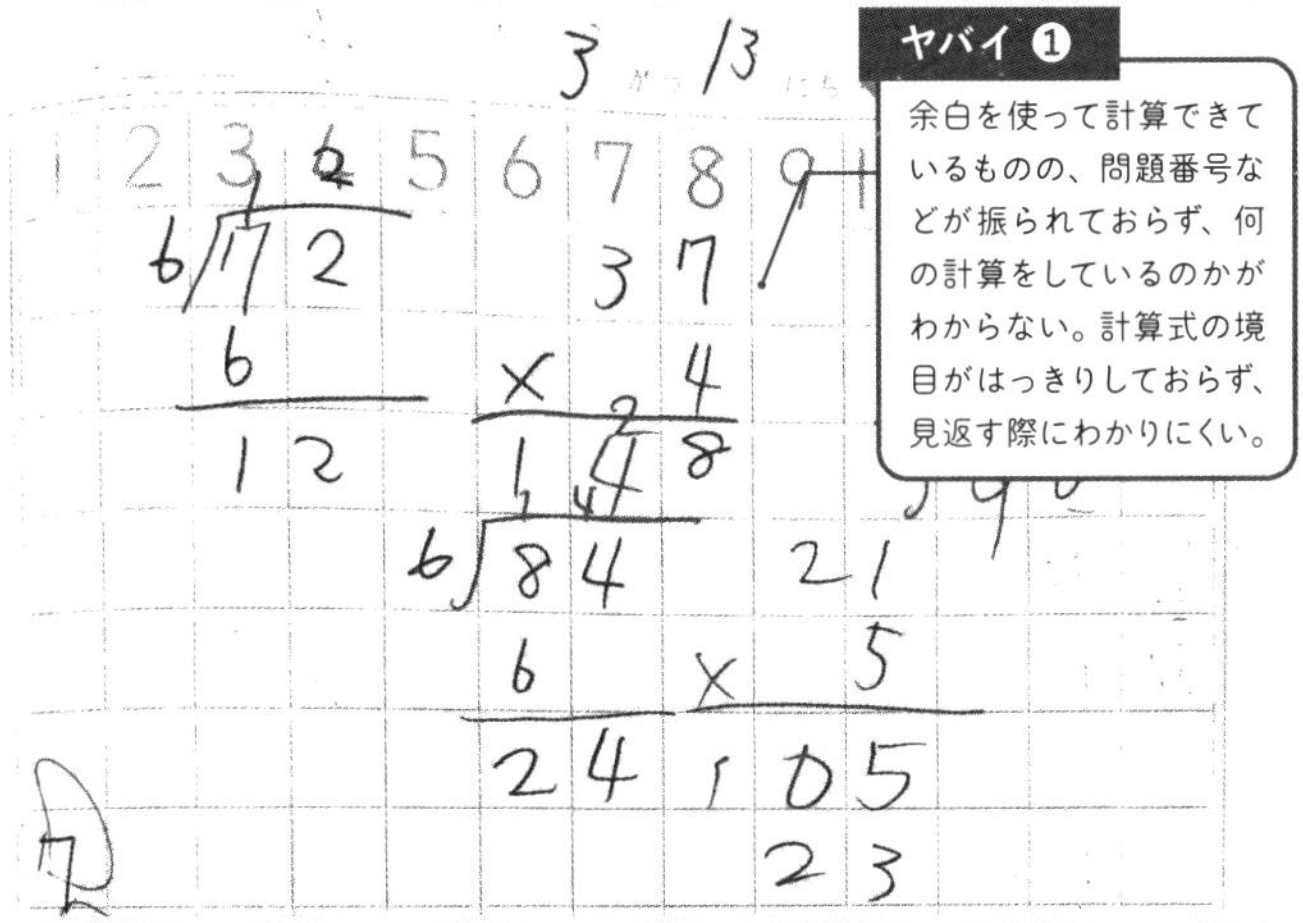

オマケ：RISU で教える現役東大生のノート

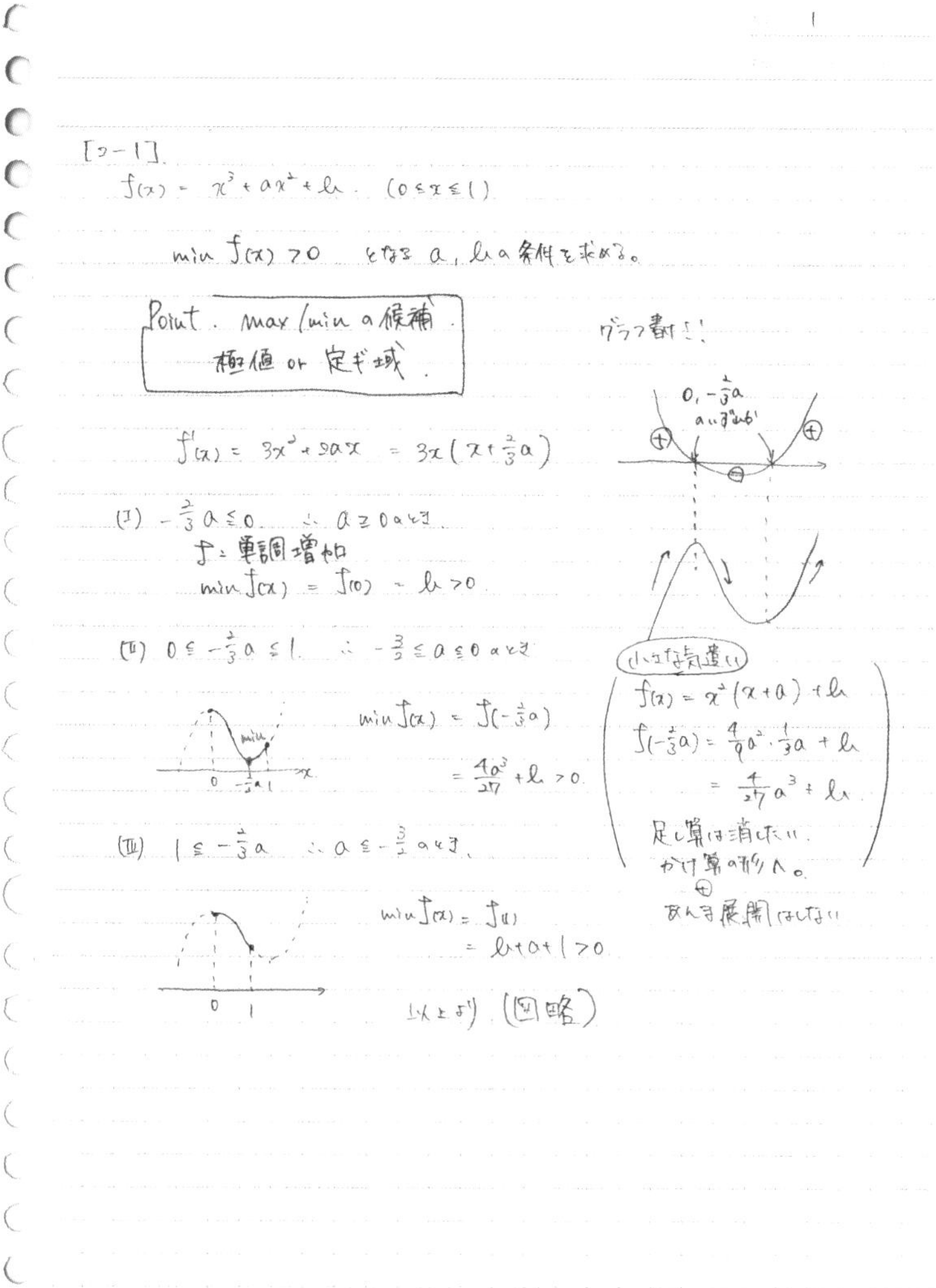
1

[2−1].

$f(x) = x^3 + ax^2 + b$. $(0 \leq x \leq 1)$

$\min f(x) > 0$ となる a, b の条件を求める。

Point. max / min の候補.
極値 or 定義域.

グラフ書け！

$f'(x) = 3x^2 + 2ax = 3x\left(x + \frac{2}{3}a\right)$

(I) $-\frac{2}{3}a \leq 0$. ∴ $a \geq 0$ のとき.
f：単調増加
$\min f(x) = f(0) = b > 0$

(II) $0 \leq -\frac{2}{3}a \leq 1$. ∴ $-\frac{3}{2} \leq a \leq 0$ のとき

$\min f(x) = f\left(-\frac{2}{3}a\right) = \frac{4a^3}{27} + b > 0$.

(III) $1 \leq -\frac{2}{3}a$ ∴ $a \leq -\frac{3}{2}$ のとき.

$\min f(x) = f(1) = b + a + 1 > 0$

以上より (図略)

小さな気遣い

$f(x) = x^2(x+a) + b$

$f\left(-\frac{2}{3}a\right) = \frac{4}{9}a^2 \cdot \frac{1}{3}a + b$

$= \frac{4}{27}a^3 + b$

足し算は消したい.
かけ算の形へ。
あんまり展開はしない

過去に、『東大合格生のノートはかならず美しい』（太田あや、文藝春秋）という書籍がベストセラーになりましたが、実際、東大生のノートは美しく、理路整然としています。

第3章

トップ30人の家庭が実践する教育法

科学的根拠にのっとった教育メソッドを開発・提供しているＲＩＳＵからは、模試や中学受験で全国トップレベルの成績をあげる子どもが続々と生まれています。

そんな受講生の中のトップ30人のご家庭にヒアリングをしたところ、「全国トップレベルの子ども」のご家庭に共通した教育・勉強についての考え方が見えてきました。

この章では、ＲＩＳＵ受講生トップ30人のご家庭が実践している教育法をご紹介します。どれも効果絶大ですので、お子さんを全国有数の「勉強が得意な子」にしたいと考えている親御さんは、大いに参考にしてください。

全国トップレベルの「できる子」に特徴的なのは「地頭」のよさではなく「乗り越え力」の高さ

できる子は「乗り越え力」が高い

ＲＩＳＵの受講生には、有名進学塾が開催する各種の全国模試で優秀な成績を収めるお子さんや、算数オリンピックで金メダルを取るお子さんが多数いらっしゃいます。全国模試で1位をとるような子となると年間30人ほどですが、こういった「できる子」たちはもともとの地頭がいい、普通の子どもとは生まれつき頭のできが違うのだ、と信じている方も多いでしょう。

しかし、それは間違いです。

ＲＩＳＵがもっている「30億件の学習ビッグデータ」から、特に成績優秀な受講生とそれ以外の受講生のデータを比較分析することで、「できる子」の特徴が明らかになりました。

たとえば、ある単元の学習に費やす平均時間を見てみると、「できる子」の学習時間がほかの子どもたちと比べて極端に多かったり極端に少なかったりすることはありません。

もし地頭がいい子が「できる子」になるのであれば、全国1位になるようなお子さんは、同じ単元でもほかの子より短い時間で習得できるはずです。しかし、そんなことはまったくないのです。逆に、めったやたらと長い時間勉強しているということもありません。

では、「できる子」「伸びる子」は、ほかの子どもたちといったい何が違うのでしょうか？　彼らの特徴——ＲＩＳＵではそれを「乗り越え力」と呼んでいます。

伸びる子も伸びない子もつまずくところは同じ

学習ビッグデータを細かく見ていくと、順調に成績を伸ばしていき、やがて全国トップレベルになるようなお子さんも、その反対に伸び悩んでしまうお子さんも、難しい単元に新しく進んだとき、いったんは同じようにつまずいていることがわかります。

それでもそのあと伸びる子が伸びない子と全然違うのは、わからなかった内容をそのままにせず、確実に理解してから次に進むという点です。つまずきを乗り越える力、これが**「乗り越え力」**です。

具体的に言うと、ある単元で最初に60点しか取れなかったというとき、100点を取るまでねばり強く取り組むということです。

わからないことが残ったまま先に進んでしまって、前にわからなかったことがいつの間にかわかるようになるなどということは決してありません。わからなかったところはいつまでもわからないまま、その子の「弱点」になってしまいます。

伸びる子は、満点を取れる、つまり、その単元を完璧に習得し、「弱点」を確実につぶしてから次に進んでいます。

大人であっても、何かに取り組んでうまくいかなかったときに、つい妥協したくなるものです。子どもだって同じです。「解ける問題をスイスイ解いた方が気分がいい」とか「同じ問題を2回やって解けないと嫌になる」とかいった、ある意味では自然な気持ちをグッとこらえて「乗り越え力」を発揮できるお子さんこそ、ぐんぐん伸びる子になるのです。

もちろん、挑戦を繰り返してもうまくいかないときもあります。そんなときは、一度その問題から離れて別の勉強をしてみたり、何か気分転換になるようなことをしてみたりすることも大事でしょう。

ただし、わからなかったところを絶対にそのままにしない。

「このミッションは必ずクリアして次に進むのだ」という気持ち、伸びる子はここがぶれません。

子どもの「乗り越え力」を高めるには

子どもが「乗り越え力」を高めていくためには、親のサポートが重要です。

子どものつまずきが見えたとき、親は「もう1回やってみようか」とか「もうひと工夫してみよう」といった励ましの声を積極的にかけてあげましょう。

このとき、「どうしてできないの！」としかっては絶対にダメですよ。あまつさえ「罰を与える」なんてことはもってのほかです。子どもが問題に手こずっているとついイライラしてしまうかもしれませんが、子どもの踏ん張りどころは親の踏ん張りどころでもあります。

そして、子どもが自分の力で課題を乗り越えてみせたときには、それがどんなにささいなものであっても「よく頑張ったね」と努力の過程をしっかりと認めて、大いに褒めてあげましょう。こうすることで、子どもは成功体験を積み上げていき、課題を乗り越えることに自発的な喜びを感じるようになります。

全国トップレベルの子どもの算数の平均学習時間は1日たった15分

小学生の睡眠時間が足りていない

近年、各種調査が、習い事の増加やスマートフォンの普及などの影響で、小学生の夜型化が進行していると報告しています。学研教育総合研究所の2021年の調査によれば、小学生全学年の平均就寝時刻は21時40分。学年が上がるにつれて就寝時刻は遅くなり、22時以降に就寝する子どもの割合は、小学5年生で47％、小学6年生で55％にもなります。

就寝時刻が遅くなる一方で、小学生全体の平均起床時刻は6時39分で以前と大きくは変わっていません。つまり、日本の小学生の平均睡眠時間は徐々に短くなってきているということです。全体の平均としては9時間を切るくらいで、高学年になるともっと短くなります。

RISUの学習ビッグデータも同様の傾向を示しています。とりわけ2020年のコロナ禍以降、子どもたちの生活の夜型化が進行し、それに伴って睡眠時間は激減していま す。

そのような中、アメリカ国立睡眠財団は、「小学生に必要な睡眠時間は9～11時間である」という研究結果を報告しています。それを下回ると、心身の健康が保てなくなるというのです。つまり、現在の日本の小学生は、基本的に睡眠時間が足りていないのですね。

トップレベルの子どもはしっかり睡眠をとっている

私たちが全国トップレベルのRISU受講生の学習ビッグデータを分析したところ、**算数の1日の平均勉強時間が約15分**ということが判明しました。

「え？　たったそれだけ？」と思われるかもしれませんね。

たしかに短いのですが、この15分にはいくつかの条件がついています。それは――**トップレベルの子どもは、毎日ほぼ同じ時間帯に学習に取り組んでいた**のです。

すなわち、学習リズムが、ひいては、起床・勉強・食事・就寝などの生活リズムが整っているのですね。そして、**整った生活リズムの中で、多くの子どもが安定して9時間以上**

の睡眠をとっていました。

考えてみれば当然です。学習効率を左右するのは脳のコンディションです。子どもが勉強に集中できる良好な脳のコンディションは、規則正しい生活を送り、十分な睡眠をとることで得られます。

実際、先のアメリカ国立睡眠財団は「しっかり睡眠をとっている生徒は、睡眠時間が9時間以下の生徒よりも成績がよくなる」という研究結果を報告しています。これは、子どもが朝6時30分に起きるなら、毎日20時〜21時ごろには寝させないといけないということです。

親子で生活のリズムを整えよう

Q1でもお話ししましたが、RISUでは受講生に「朝学習」を推奨しています。起きたばかりで心も体もすっきりしている朝の方が夜よりも学習効率がよく、朝学習で脳を目覚めさせれば日中の活動もスムーズになり一石二鳥だからです。

しかし、この朝学習が十分に効果を発揮するためには、普段から規則正しい生活を送り、前の晩に十分な睡眠をとっていることが大前提となります。

睡眠不足で十分に疲労から回復しきっていない脳で勉強に取り組んでも、スムーズに進みません。進まないのでやる気が出ない。やる気が出ないので勉強をやめてしまう。そんな負の連鎖が起きてしまいます。

また、困難な課題に直面したときも、眠気でフラフラしているような脳では、「乗り越え力」を発揮できません。「解けなかった」という嫌な思いを持ち越してしまうと、子どもの勉強へのモチベーションも下がってきます。

子どもの脳のコンディションを良好に保つためには、親御さんがサポートして、生活リズム全体を整えてあげなくてはなりません。そのためには、親御さん自身の生活リズムの管理も欠かせません。

コロナ禍を機にリモートワークを導入する企業も増え、運動不足で眠れなかったり、だらけて夜更かしをしてしまったりなど、大人でも生活リズムが乱れている人が多いようです。まずは親御さんが率先して規則正しい生活を送ることで、子どもに健康的な生活リズムを身につけさせましょう。

親子でしっかりと生活のリズムをつくり、親は子どもの体調やそれと連動するメンタルを整えてあげつつ、要所要所で声をかける。全国トップレベルの子どもの親御さんは、それができています。

脳のコンディションが整っていれば、小学生の算数は1日15分の規則正しい勉強で全国トップレベルにすることができます。30億件のビッグデータが、それを示しているのです。

全国トップレベルの子どもを育てるための親の心得①
子どもの自主性を最も尊重する

トップレベルの親が最も尊重しているのは子どもの自主性

全国トップレベルの子どものご家庭を対象に、「教育において最も大事にしていることは何ですか?」というアンケートを行ったところ、ほとんどの親御さんが「**子どもの自主性**」と回答されました。

「自主性」とは、他人からの指示がなくても、やるべきことを自ら率先して行う姿勢のこと。人が独立した個人として社会で成功するために、必要不可欠な資質です。

先のアンケート結果は、子どもの自主性を尊重している親御さんの養育下では、「頭のいい子」が育つということを示唆していると言えます。

子どもの興味関心を肯定する

「頭のいい子」というと、たくさんの参考書やドリルで勉強しているイメージをもたれるかもしれません。しかし、机に座って行う勉強だけが子どもの学力を向上させるわけではありません。

友だちとの遊び、スポーツ、読書、趣味……日常生活の何気ないシーンで、子どもはさまざまな物事に興味を抱きます。全国トップレベルの子どもの親御さんたちが心がけているのは、**子どもが何かに興味をもっていることに気づいたら、その興味を肯定してあげること。そして、その興味が自然に「学び」につながるようにサポートしてあげるということです。**

たとえば、子どもが「やってみたいな」と口にした習い事があれば、できるだけ経験させてあげる。子どもが「読みたい」と言った本はすぐに買い与える。博物館・科学館・美術館・水族館・動物園などの教育施設に積極的に連れて行ってあげる。

「取り組んでみたけれど、結局すぐに飽きてしまった」ということもあるかもしれません。そのときは、すぱっと切り替えて、別の興味をもっていることに挑戦してみる。途中でやめたとしても、そこまでの経験は子どもの成長の糧になっていますから、決してムダにはなりません。

最初のうちは手探りかもしれませんが、さまざまな経験をさせているうちに、子どもが本気で熱中できる物事が見つかります。

「自主的な学び」を邪魔しない

私は子どものころ、宇宙が大好きでした。今にして思えば、わが子が宇宙に興味をもったことに気づいた親が、宇宙の図鑑を買ってきて家の本棚にさり気なく置いてくれていたのです。

「今日、本で読んだことを教えてよ」と聞かれるのがうれしくて、私は図鑑で得た知識を毎日のように両親に披露し、宇宙にどんどん詳しくなっていきました。宇宙の本や図鑑のページを夢中でめくっていくと、そこには「月までの距離は38万キロメートル」「太陽までの距離は1億4960万キロメートル」「銀河系にある恒星の数は2000億個」と、大きな数が当たり前に載っています。大好きな宇宙に関することですから、私はそういった数字をどんどん吸収していきました。

すると、宇宙への興味を通して、「大きな数字」に対する感覚が自然と身についたのです。そして、最初は宇宙への興味でしたが、大きな数を身近に感じられるようになり、その延長で算数（数学）が得意になり、今ではその算数を教えることを仕事にしています。

みなさんも、同じように何かに夢中になった経験をおもちでしょう。そのとき、普段とは比較にならない早さで知識を吸収していきませんでしたか？　覚えたことを、忘れることもなかったはずです。それこそが、「自主的に学ぶ」ことの効能です。

自主的な学びは、学校の授業や宿題で他人から強制される勉強とは、知識の吸収率も定着率も段違いなのです。全国トップレベルの子どもの親御さんが大事にしているのは、この最高の学びの状態をできるだけ邪魔しないということです。

自主的な学びとは反対に、他人に強制されて嫌々取り組むことは、よき学びになりません。その最たるものが、学校や塾から押しつけられる宿題でしょう。

「子どもに宿題をたくさんやらせれば、学力が伸びる」と勘違いしている人はいまだに多くいます。巷では宿題の量の多さを売りにしている「詰め込み塾」も人気ですよね。しかし、科学研究機関やＲＩＳＵのもつ学習ビッグデータなどは、「宿題は子どもの学力向上に貢献しない」と結論を出しています（Ｑ６参照）。**すでに科学の世界では宿題に意味がないことが明らか**なのです。

大量の宿題を押しつけられてキャパシティーオーバーになり、成績が低迷してＲＩＳＵにやってくる子どもがしばしばいます。

詰め込みを強いられる勉強に自主性も何もありませんから、そんな子どもに学びのモチベーションはありません。その状態で何を学ばせても、知識の吸収率・定着率は芳しくありません。学校や塾の先生たちはよかれと思ってやっているのでしょうが、そんな学びで子どもの成績は決して上がりません。

子ども自身がやりたいことを肯定し、自主性を伸び伸びと育ててあげるのは親の役目です。無理やりでも量をこなさせれば成績が上がるだろうと考えている親御さんは、今すぐ認識を改めてください。

全国トップレベルの子どもを育てるための親の心得②

算数の苦手を翌日に持ち越さない

理解の穴がのちの大崩壊を招く

成績が全国トップレベルの子どもは、例外なく算数ができます。それは、算数を学ぶことで培われる「論理的思考力」が、すべての理系教科ひいてはすべての学問の基礎となっているからです。**「算数ができる子」というのは、あらゆる教科を攻略するための強力な武器を装備している**わけですね。

ただ、ここまで何度もお話ししてきたように、算数は完全な積み上げ型の教科です。これは、さまざまな大きさのブロック（単元）が積み上がって成り立つ「ジェンガ」のようなもので、下の方のブロックが抜けていると、つまり、ある領域の理解が不十分だと、そこから上にはブロックが積めません。これが、単純に覚えた範囲だけが点になる理科・社会・英語などと、算数が大きく異なるところです。

ですから、算数が得意になるためには、日々の学習の中で理解が不十分な領域をそのままにしないことが重要です。理解が不十分な領域は「抜けブロック」となりますから、続く内容が理解できなくなり、最終的には子どもの算数全体の理解を崩壊させる原因となります。

トップレベルの子どもは100点を取るまで諦めない

全国トップレベルの子どもたちのＲＩＳＵでの学習履歴を分析してみると、初めて取り組む単元では、ほかの子どもたちと同じように、問題に戸惑って手を止めたり間違った解答を記入したりしています。

しかし、そのあとの行動にほかの子どもたちとは異なる大きな特徴があります。全国トップレベルの子どもたちは間違った問題をそのままにせず、できるようになるまで何度も再挑戦をして、必ずその日のうちに100点を取ってから学習を終えているのです。

100点を取ってからその日の勉強を終えれば、「自分は算数ができる」という自信に

なります。自信がもてると、勉強も楽しくなりますよね。勉強が楽しければ、多少の課題に直面しても頑張って乗り越えられます。

これが100点を取りきれずに勉強を終えると、その領域の苦手意識が翌日以降に持ち越されます。また、算数という教科の性質上、できないところをそのままにしていると、それに続く内容もできません。

できないまま勉強を終える。苦手意識が残る。翌日もできないまま勉強を終える。さらに苦手意識が残る……このようなことが積もり積もれば、子どもは算数の学習へのモチベーションを失ってしまいます。

全国トップレベルの子どもたちやその親御さんは、理解が不十分な領域を翌日に持ち越せば、あとでもっと苦労することがわかっているのです。

日々の苦手分析を欠かさない

学校や塾では、夏休みや冬休みの長期休暇に「総復習」で、子どもたちに苦手を克服させようとします。しかし、すでに理解できている内容も理解できていない内容も一緒くたになっている総復習は、学習効率という点ではあまりおすすめできません（Ｑ７参照）。たいていの子どもはキャパシティーオーバーとなり、中途半端にしか手をつけられず、苦手意識は残ったままとなります。

標準体重を大幅に超えてしまってから、１週間後の健康診断に向けて急いで10キロのダイエットをしようとしても到底無理な話ですよね。一方、食べすぎに気づいたら次の食事で節制したり運動をしたりして、小まめに自分のメンテナンスができる人は、常にスマートな体形でいられます。

算数の勉強も同じで、たまりにたまってからまとめて苦手を処理しようとすると、大変な苦労をします。時間が限られていれば、その処理が間に合わないことも往々にしてあります。苦手は、生じたその場で確実に克服しておくことが、結局、一番効率がいいのですね。嫌な気持ちを翌日に持ち越さず、気分もずっといいでしょう。

さて、ＲＩＳＵの学習ビッグデータの分析により、**子どもの算数のつまずきは「位」「単位」「図形」という3つの単元に集中している**ことが判明しています。効果的に算数の学力の見直しを行うなら、まずはこの3単元の復習から取り組むのがいいでしょう。ただ、子どもの日々の勉強を親御さんたちがマメに見守っているなら（Q４）、わが子の苦手領域はもっと詳細に把握できていますよね？

苦手領域をまとめて検出したいのであれば、算数検定（実用数学技能検定）の受検は非常に有効です。算数検定は、文部科学省が後援する記述式の検定試験です。全15階級からなり、算数の実用的な技能と論理構成力を測ることができます。

算数検定を受検すると、合否や正誤だけでなく、得意なところや苦手なところが客観的にわかる「個人成績票」が受け取れます。この個人成績票が、苦手領域の検出にもってこいなのです。

検定に合格すれば子どもの自信にもなりますし、「この級には合格したから、次はもっと上の級を受検しよう」という目標ができれば、日々の勉強のモチベーションアップにもつながるでしょう。

算数検定（https://www.su-gaku.net/suken/）は非常にメリットが大きくＲＩＳＵでも全受講生におすすめしています。読者のみなさんもぜひ受検してみてください。

全国トップレベルの子どもを育てるための親の心得③

「答えを教えない勇気」をもっている

今日も全国で繰り広げられる残念なシーン

子どもがまだ目の前の問題を一生懸命考えているのに、止まっている手に耐えられなくなった親御さんが、「ほら、こうすれば解けるでしょ」と横から解答を書いてしまう——ＲＩＳＵがショッピングモールなどで開催している体験学習会で、私たちがしばしば目にする残念な光景です。

このとき、家族ということでつい感情的になり、「なんでわからないの」「情けない」といったきつい言葉を投げかける親御さんもいます。子どもがそれに反発してけんかになると、もう勉強どころではありません。

子どもを手助けしてあげたくなるのは、基本的には親心なのだと思います。しかし、本当にそれだけでしょうか？

「こんな簡単なことを、うちの子はなぜわからないのだろう？」

そんなイライラを解消するために、つい親御さん自身で問題を解いてしまったのではないでしょうか。その解答を子どもに見せつけることで、何かを成し遂げた気になってはいないでしょうか。でもそれは、子どもではなく親御さん自身の（意味のない）達成感ですよね。

いずれにしても、本当に子どものためを思うなら、こういうときに親御さんは子どもに答えを教えてはいけません。

親によって子どもの「自分で考える」機会が奪われる

親が教えれば、たしかにその問題の解答はすぐに得られるでしょう。しかしそれは、子どもが「自分で考える」機会を奪われることでもあります。困難に直面したときに解答が親からすぐ与えられることが癖になれば、子どもの自主性も育ちません。

そもそも、親御さんの教え方は適切でしょうか。

ベネッセ教育総合研究所が2010年に行った調査によれば、算数の先生の約8割が、「自分は子どもに算数を教えるのが得意」と考えているそうです。

しかし、ある中学受験のポータルサイトが同年に行った、小学1〜6年生の子どもを持つ親御さん約1000名を対象にしたアンケート調査では、小学生の子どもが最も苦手としている教科が、その「算数」でした。

この矛盾は、「自分は教えることが得意」と思っている人が、実際にいい教師とはかぎらないことを示しています。

考えてみれば、「勉強ができること」と「勉強を人に教えることができること」は、まったく異なるスキルですよね。

小学校の算数の先生は、学生のときに算数や数学が得意だったのかもしれません。しかし、調査結果を見るかぎり、多くの先生が子どもの苦手を克服させてあげられていないのです。

学校の先生ですらそうなのですから、プロの先生ではない親御さんはなおさらです。気づかずに下手な教え方をすれば、子どもは算数が嫌いになってしまうかもしれません。

ＲＩＳＵで、全国トップレベルの子どもの親御さんを対象に、「子どもに勉強を教えることはありますか？」というアンケートをしたところ、多くの方から「自分で乗り越えさせたいから、子どもの勉強に口は出さない」とか「教師をしているが、自分の子どもは教えないようにしている。感情的になってしまうから」とかといった回答が得られました。

親が本当にやるべきこと

「教えない」といっても、子どもを放置するわけではありません。これまでにお話ししてきた「見守り」「声かけ」「称賛」などは忘れないようにしてくださいね。

時には、子どもから「答えを教えて」と言ってくることもあるかもしれません。そういうときもすぐには教えず、自分もわからない振りをして「**お母さんもよくわからないから、〇〇ちゃん、わかったらあとで教えてよ**」などと返しましょう。

「親に教えなきゃ」と思えば、子どもは必死で考えます。それでも、解決の糸口すら見いだせない問題はあるかもしれません。そのような場合は、少しのヒントを与えるくらいはいいでしょう。

しかし、手取り足取りして解答まで教えてはいけません。親は基本的に応援に徹し、問題は子ども自身に解かせましょう。でなければ、子どもの成長にはつながりません。

その場で解答を教えてしまうよりずっと時間も労力もかかります。忍耐力も必要です。

それでも、親御さんには、子どものために「答えを教えない勇気」をぜひもっていただきたいと思います。

2か月で9割の子どもが得点力アップ！　今すぐできる苦手対策①

「文章題で得点できない」の90％を2か月で改善するメソッド

算数が得意な子でも点を落とす「長文の文章題」

文章題には、多くの子どもが苦手意識をもっています。ＲＩＳＵ受講生の学習ビッグデータを見ても明らかで、特に少しひねった長めの文章題になると、算数を得意としている子どもでもボロボロと失点します。

しかし、一見して難解な文章題であっても、問われている内容そのものは平易で、問題文を落ち着いて読み、順を追って考えを整理すれば、解答を導くことは決して難しくありません。**多くの子どもは、長い問題文に面食らって尻込みしたり諦めたりしており、それが失点につながっている**のです。算数の知識が足りないからではなく、問題に対峙する姿勢がおもな原因ですから、ここでの失点は非常にもったいないと言えます。

文章題ができないとずっと苦しむことになる

単純な計算問題とは異なり、問題文を読んで自分で状況を整理し、一から式を立てなければならない文章題は、解答を導くのにひと手間かかります。このひと手間が、「速く解けないから」「ひっかけがあって好きじゃない」と、多くの子どもたちに苦手意識を植え付けているんですね。

しかし、文章問題が苦手なまま受験期を迎えてしまうのは大変危険です。第2章で文章題は多くて4行と述べましたが、それはごく一般的な話。難関校と呼ばれるところの入試では、算数（数学）にかぎらず、あらゆる教科で問題文の長いものが多く出題されていきます。灘中学校、開成中学校、洛南高等学校附属中学校、筑波大学附属駒場中学校、桜蔭中学校……これらの学校、いずれも入試では長文の文章題が出ます。

そして、進学校の子どもたちの行き着く先、日本最高峰の大学である東京大学の入学試験の問題は、日本の大学入試の中で最も長い問題文で出題され、要求される解答も、数百文字以上のものがザラにあります（一度、東京大学の『赤本』を確認してみてください）。

つまり、**文章題ができないままでいると、受験の現場でずっと苦しめられることになる**のです。ですから、お子さんが文章題に苦手意識をもっているようなら、できるだけ早くに対策し、克服しておかなくてはいけません。

苦手な文章題は「音読」で克服

子どもが文章題を苦手とする最大の原因が、「問題文をしっかりと読み込めていない」ということです。苦手意識があるので長い問題文を見て焦る→焦って速く解こうとするので問題文の上を目が滑り、じっくりと読み込めない→問題文の理解が不十分なので、正解が導けない→点が取れないので、文章題への苦手意識がさらに強くなる→……。

文章題が苦手な子どもの中では、そんな負の連鎖が起こっているのです。

これを改善するには、何をおいても、問題文をしっかりと読み込むことです。

そして、そのために最も有効なのが「**音読**」。

音読をするためには、その文章を正確に追わなければいけません。すると、目で読み飛ばしたときは十分に理解できなかった文章の意味が、しっかりと把握できるようになります。みなさんもご経験があると思います。

家で文章題を解いているなら、問題文を大声で音読する。１回ではなく、２回音読しましょう。２回とも正確に音読できればＯＫです。試験中であれば、頭の中で黙読するか、鉛筆で問題文に線を引くようにする。これで、子どもの文章題への苦手意識はずいぶん取り除けます。

これはＲＩＳＵが、文章題を苦手としているお子さんとその親御さんに実際に行っている指導です。**効果はてきめんで、指導を受けたお子さんの90％は、２か月以内に文章題の得点力が有意にアップします。**

文章題は、「情報を読み込み、必要な要素を理解し、論理的に考える」というプロセスを問うています。このプロセスは、算数（数学）やほかの教科にかぎらず、社会におけるあらゆる問題解決で強く求められます。文章題にしっかりと取り組むことで得られる問題解決能力は、将来にわたってお子さんの役に立つ大きな財産となるでしょう。

2か月で9割の子どもが得点力アップ！ 今すぐできる苦手対策②

「平面図形がわからない」の90%を1か月で改善するメソッド

苦手意識が強い平面図形の問題

平面図形は、図形の名称を覚えることから始まり、等分、角度、相似、補助線、面積計算と小学校全学年にわたる重要単元です。平面図形でつまずくと、被害範囲は小学校の全学年にわたり、その後の中学高校数学にも影響を及ぼしてしまいますから、苦手意識はできるだけ克服しておきたいですよね。

しかし、算数という教科の中で、「位（Q17）」や「およその数・四捨五入（Q18）」と同じくらい、子どもは平面図形に苦手意識をもっているという統計データがあります。

受講生の親御さんからも、「子どもが平面図形の問題を苦手としています。どう勉強させればいいでしょうか」という相談をよく受けます。このとき、みなさん一様に「補助線が引けないんです」とおっしゃるんですね。

平面図形の問題の中には、図をそのまま見ているだけでは解けず、「補助線を引く」ことで初めて解答を導くのに必要な情報が得られるタイプのものがあります。適切な補助線を引くためにはある種の「ひらめき」が必要になることもあり、補助線問題は平面図形という単元においては発展的な内容だと言えます。

苦手の原因は「補助線」より前の段階にある

私たちは「補助線が引けなくて、平面図形の問題が苦手です」と主張するお子さんのRISUでの学習履歴を精査してみました。

すると、多くの子どもで、補助線より前に学習する、図形のかたち、等分、内角・外角、相似、各定理といった基礎的な項目の理解が不十分であることがわかりました。つまり、**苦手の原因は補助線よりも前の段階にある**のです。したがって、お子さんが平面図形に苦手意識があるとき、**最初に構じるべき対策は、補助線問題の訓練ではなく、等分、角度、相似などの基礎的な項目をしっかりと身につける**ということになります。

近年の中学入試の算数の問題を調査すると、全体の約65%は、補助線を使うことなく解答を導くことが可能です。つまり、**補助線が引けなくても平面図形の基礎を完全に理解していれば、算数の問題の6割以上は得点できる**ということです。平面図形の問題の6割以上が得点できるようになれば、お子さんの苦手意識はずいぶんと払拭できるでしょう。

実際にＲＩＳＵでは、「平面図形の問題が苦手です」と相談してきたお子さんに、「まずは等分、角度、相似といった補助線より前の基礎的な項目をしっかりと身につけましょうね」とアドバイスし、練習問題を与えて指導をしています。

このような指導を受けたお子さんの90％は、1か月以内に平面図形の問題の得点力が有意にアップし、この単元への苦手意識もなくなります。

補助線の引き方のコツ

補助線問題には、基礎的な問題でしっかりと得点できるようになってから取り組みます。

さて、補助線を引くのに何らかの取っ掛かりは必要ですね。以下で適切な補助線を引くためのコツを3つお教えします。

適切な補助線を引くためのコツ

① 今ある直線を延長してみる

平行四辺形ABCDの辺ABを2：1に分ける点をE、辺BCを3：1に分ける点をFとするとき、EG：GDを求めましょう。

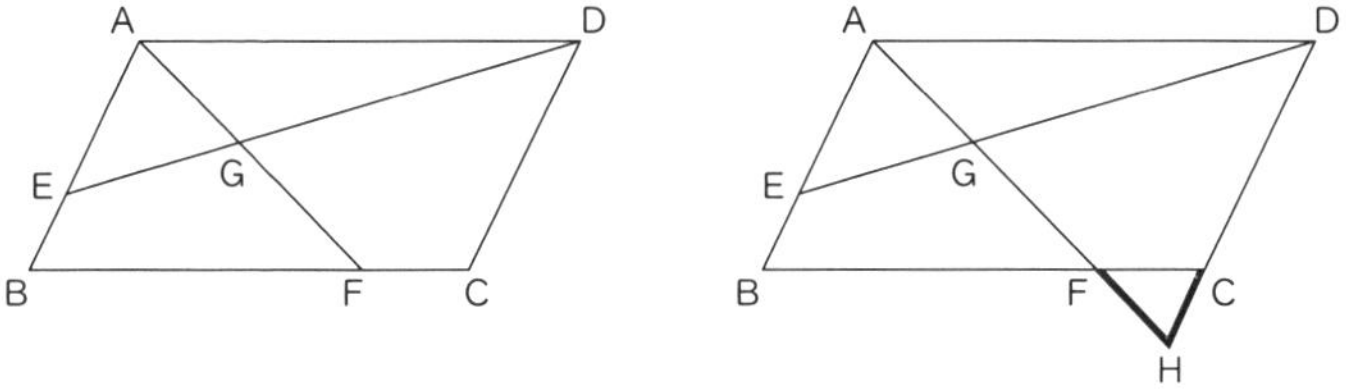

② 多角形・円・扇形は図形の中心から線を引いてみる

Aは半径5cmのおうぎ形の弧を2等分する点です。色のついた部分の面積を求めましょう。

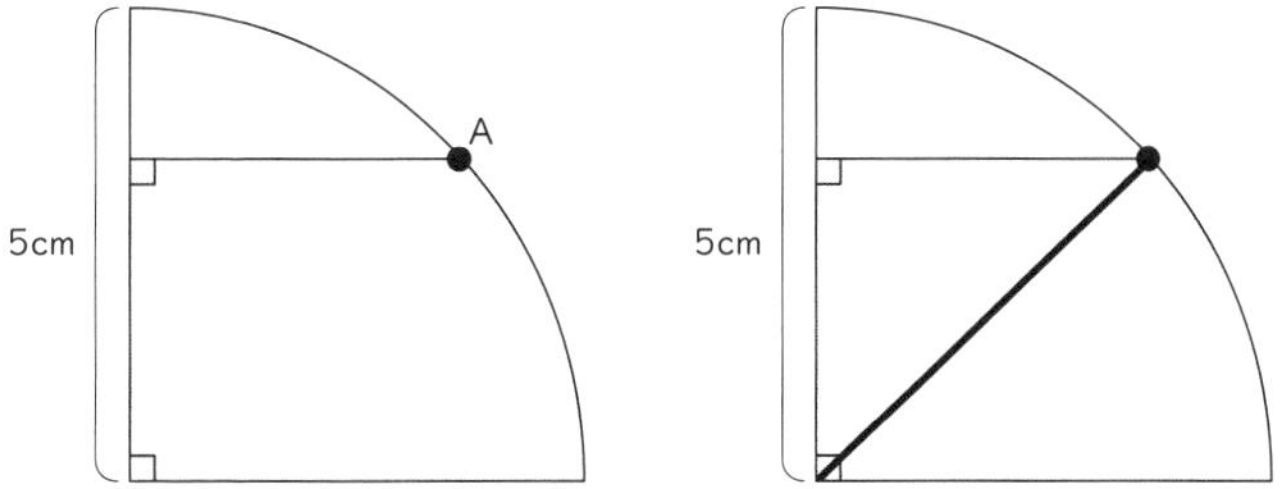

③ 四角形は対角線を引いてみる

1辺4cmの正方形があります。色のついた部分の面積を求めましょう。

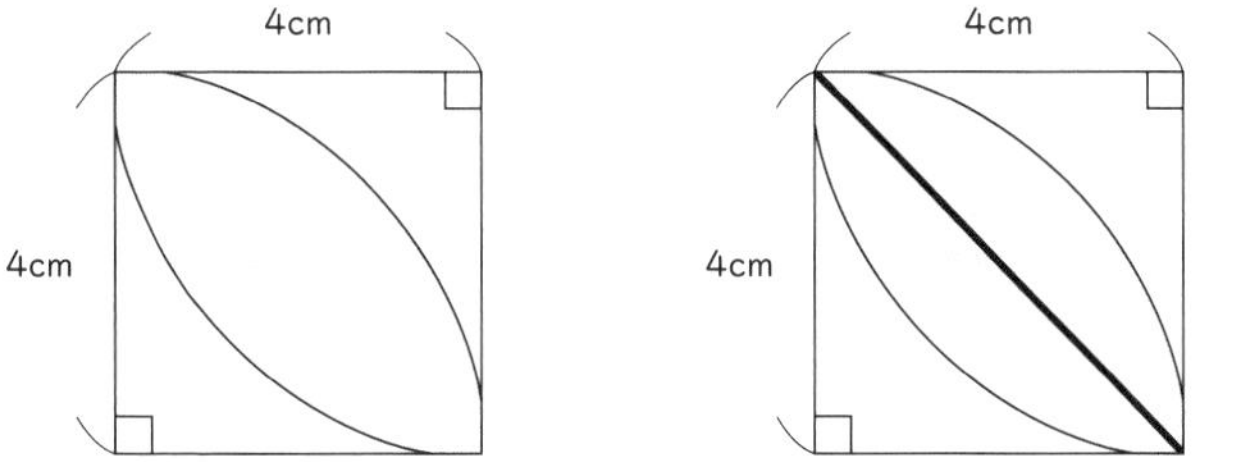

このとき、取りあえず線を引くのではなく、「新しい情報が生まれるような補助線を引く」ことを意識するといいでしょう。

そうやって数をこなし、パターンを暗記していけば、典型的な補助線問題については得点できるようになります。

しかし、難関中学の入試では、パターン暗記が通用しない難しい補助線問題もしばしば出題されます。大手進学塾が電車内広告で掲示しているような、解くのにある種のセンスやひらめきを要求される超難問です。

ただ、そのような問題は大半の受験生が得点できません。入試で難しい補助線問題が出たさいは、早々に見切りをつけて、確実に得点できるほかの問題やその検算に時間を使うというのが現実的な戦略でしょう。

このような超難問は、広告としてインパクトがあるから採用され、目立っているだけのことです。入試は総合点で競うものですから、大半の受験生は典型的な補助線問題が解けるようになればよしとして、**難しい補助線問題は得点できなくても気にしなくていい**でしょう。

❶

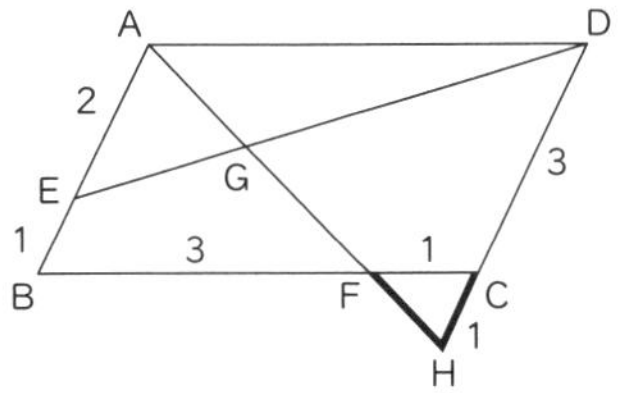

三角形ABFとHCFは相似。
よってAB：HC＝3：1
また
三角形AEGとHDGも相似。
よってAE：HD＝2：4＝1：2
ゆえに
EG：GD＝1：2

❷

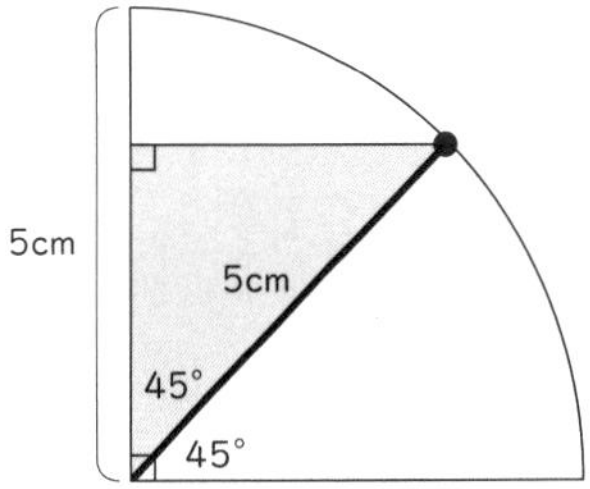

濃い青：対角線の長さ5cmの正方形を対角線で半分にした三角形

正方形はひし形の一種と考え、
ひし形の面積の公式「対角線×対角線÷2」を使用し、その半分なので2で割る。

5×5÷2÷2＝6.25

薄い青：半径5cm、中心角45°の扇形（円の面積の1/8）

5×5×3.14×1/8＝9.8125

6.25＋9.8125＝16.0625㎠

❸

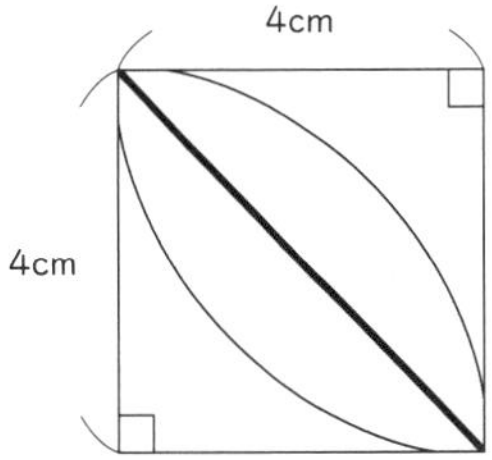

色のついた部分は中心角90度の扇形の面積

4×4×3.14×1/4

から一辺4㎝の直角二等辺三角形の面積

4×4×1/2

を引いたものを2倍したものであることに気づくことができれば解ける。

（4×4×3.14×1/4－4×4×1/2）×2
＝（12.56－8）×2＝9.12㎠

RISU
コラム
3

ＲＩＳＵ算数、受講者の声

時計の数字を見るのも嫌がっていた子どもがＲＩＳＵを活用し、小学１年生で全国１位！

夫の仕事が忙しく、近所に頼れる身内もおらず、保育園にも入っておらずと、ワンオペ育児状態で疲弊していました。しかし、すがる思いでＲＩＳＵを始めたところ、状況が一変！　ＲＩＳＵがタブレットに子ども一人ひとりのデータを分析して最適な問題とレッスン動画を自動で配信してくれるおかげで、それまで私一人で面倒をみていた教材選び、採点、復習などの負担から一気に解放されました。

ＲＩＳＵには、教科書的な問題だけでなく、スペシャルな暗号問題や数字ならべクイズ、カードあて、算数オリンピックの課題など、子どもが楽しみながら算数を学べる問題もいろいろそろっているのがよかったのだと思います。

おかげで、それまで時計の数字を見るのも嫌いだった子どもが算数をどんどん好きになり、模試の成績も急上昇。RISUを始めてから1年もたたず、四谷大塚の全国模試で1位、Z会エクタス栄光ゼミナールの試行（思考）力・記述力診断テストでも総合全国1位を取ることができました。

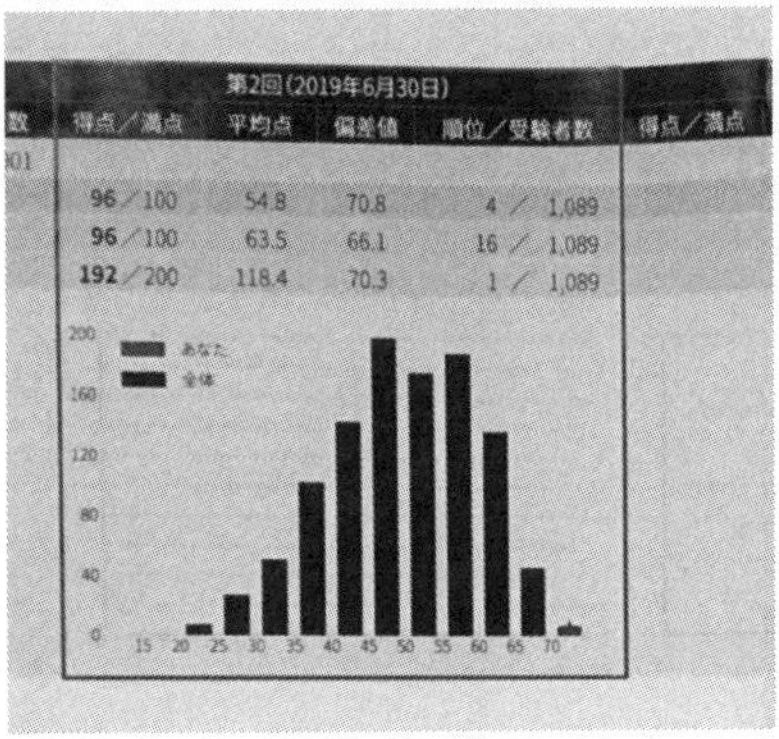

勉強でも運動でも継続することが最も難しいのですが、ＲＩＳＵは子どもに勉強を継続させるための仕組みが秀逸だと思います。

意識して探すといたるところにその仕組みが見つかるのですが、わかりやすいところで一例を挙げれば、問題ステージを1つクリアするごとに10ポイントのご褒美ポイントがもらえるという仕組みもそうですね（編集部注・Q3参照）。2日連続で教材にログインするとプラス10ポイント、3日連続でプラス30ポイント、4日連続でプラス50ポイント……というように、毎日学習に取り組むことに対しての追加ボーナスがあるんです。これが、10日連続でログインすると、1日のボーナスが150ポイントにもなります。

このご褒美の与え方が絶妙なので、どんな子どもでも、教材へのログイン、つまり、毎日の勉強が習慣になってしまうんです。これは、多くのソーシャルゲームで「ログインボーナス」と称されている仕組みですよね。ソーシャルゲームは依存症になると大変ですが、子どもが「勉強をしないと落ち着かない」というのは親としてはうれしいですね（笑）。

ＲＩＳＵ算数、受講者の声

有名な計算塾なんかだと計算問題だけを与えられてひたすらそれを解いていくわけですよね。それはそれで算数の成績アップにつながるのでしょうが、算数って計算だけじゃないですからね。その点、ＲＩＳＵの教材は、計算もあるのですが、イラストを使った問題、時計、図形、文章題などなど小学校の算数をフルカバーしている点で、より優れていると感じます。

また、おつりの時計の読み方や買い物をした際のお釣りの計算のような日常生活とむすびついた身近な問題が出たと思ったら、突然、ボーナスみたいに数学オリンピックの問題が出てくる。「振れ幅がすごいな」と驚くのですが、本当に考える力ってそういうことの積み重ねで培われるんだろうなとも思います。うちの子は、どうもＲＩＳＵを勉強と思ってやっていないようなんです。自分の知的好奇心に従って、単純にワクワクしながらタブレットで数をテーマにした「ゲーム」を楽しんでいるように見えます。

保護者として心底助かっているのは、子どもの学習を個別にチェックしてフォローアップしてくれることですね。つまり科学的に正しいとされる学び方が、さらに個別に最適化されているんですよね。保護者へのメールで細かく学習状況を教えてくれるのもありがたいですし、子どもの学習履歴データから弱点が検出されたら、東京大学などトップ大学の現役学生による「チューター解説動画」が自動で配信されて、苦手をその場で解消してくれるのもすごいなと思います。

このあいだ子どもがじっと観ているチューター動画を横からのぞいてみたら、「ゼロの概念」なんていう私たち大人でもきちんと理解していないようなことをわかりやすく教えてくれていて。動画を見終わった後の子どもにＲＩＳＵのメールで（私が）指導していただいたように、「お母さんにゼロについて教えてよ」と投げかけてみると、喜々としてレクチャーしてくれました。

仕事があるので勉強をつきっきりで見てあげることが難しいのですが、子どもが自分から進んで勉強をするように自然に導いてくれて、その学習状況やフォローアップ内容をメールで細かく報告してくれるＲＩＳＵには、安心して安心して子どもを任せておけます。

「ｙｕｕ＠東大卒ママの会」さん、お子さんは6歳

東大卒ママの会とは

主要メンバー7名からなる、東京大学卒業ママの現役子育てグループ。東大OB・OGたちへのヒアリングやアンケートをもとに東大生の幼少期の習慣を分析し、現役ママの目線も取り入れた「今すぐできる幼児教育」の実践方法を提案している。実践中の知育や自分たちの経験談をSNSでも発信中。著書に『東大脳を育てる3歳までの習慣』がある。

東大卒ママの会：Instagram
https://www.instagram.com/todaimoms/
yuu@東大卒ママの会：Instagram
https://www.instagram.com/punyuugram/

私自身の話をすれば、「子どもが好きになったことはやりたいようにやらせる」という親の教育方針の下、幼少時分に天文への好奇心を自由に満たしていたことが、惑星の軌道計算などを通して算数・数学への興味へとつながりました。

私の息子もそうです。電車が好きな6歳の息子に付き合って休日には親子で路線の始発駅から終着駅まで乗ることがあるのですが、息子はその経験の中で、時刻表・所要時間・速度・料金などに接し、自然と数への興味が芽生えたようでした。今では電車に加え、算数に夢中です。

これらは「実体験にもとづく学び」と言えるでしょう。

自分の目で見て、肌で感じ、現場で匂い立つものを感じるというアナログな実体験からの学びは強烈です。

加えて、常識にとらわれず、自分の頭で考えて活躍できる人間になるためにも実体験は欠かせません。実体験から脳にインプットされる知識によって、個人の価値観は形成されるからです。価値観が定まっていれば、物事の善しあしを自分で判断し、決断できるようになります。座学だけではこうはなりませんね。

お子さんたちには、机に座って行う勉強を効率的に行うことで生まれた時間を、ぜひ実体験での学びに使ってほしいと思います。

試験でよい成績を上げること・実体験から学ぶことが両立できたお子さんは、将来の職業選択の幅が広がり、自分の力を発揮する機会を多くもつことができるようになるでしょう。常識とされるものに流されず、自分の価値観のもとで物事を決断できるようにもなります。

すなわち「人生において好きなことができる」ようになるのです。

本書によって、お子さんが正しい学習方法を身につけ、学びと・好きとを両立できるようになり、人生がよりよい方向に進むようになれば、著者としてこれ以上のよろこびはありません。

令和5年6月　著者

今木智隆（いまき・ともたか）

RISU Japan株式会社代表取締役。京都大学大学院エネルギー科学研究科修了後、ユーザ行動調査・デジタルマーケティング領域専門特化型コンサルティングファームのビービット入社。金融・消費財・小売り流通領域クライアント等にコンサルティングサービスを提供し、2012年から同社国内コンサルティングサービス統括責任者に就任。2014年、RISU Japan株式会社を設立。タブレットを利用した小学生の算数の学習教材で、のべ30億件のデータを収集し、より学習効果の高いカリキュラムや指導法を考案。日本国内はもちろん、シリコンバレーのハイレベル層でも、算数やAIの基礎知識を学びたいと、アフタースクールなどからオファーが殺到している。

小学生30億件の学習データからわかった
算数日本一の子ども
30人を生み出した究極の勉強法

2023年7月11日　第1刷発行

著者　今木智隆
発行者　山本周嗣
発行所　株式会社 文響社
〒105-0001　東京都港区虎ノ門2丁目2-5 共同通信会館9F
ホームページ　https://bunkyosha.com/
お問い合わせ　info@bunkyosha.com
印刷・製本　中央精版印刷株式会社

カバー・本文イラスト　しばたま
ブックデザイン　神戸順（文響社デザイン室）
構成　大谷智通
企画協力　望月瑠美
編集　畑北斗

 ISBN978-4-86651-648-6